知念ウシ

シランフーナー《知らんふり》の暴力

知念ウシ政治発言集

未來社

シランフーナー（知らんふり）の暴力——知念ウシ政治発言集◆目次

第一部　知らないふりは暴力であり、攻撃である

第二部　沖縄で生まれ、沖縄で生きる

装幀――戸田ツトム＋山下響子

シランフーナー（知らんふり）の暴力
——知念ウシ政治発言集

ワラビンチャー（子どもたち）へ

第一部　知らないふりは暴力であり、攻撃である

沖縄の米軍基地へ核査察を

イラクから帰ってきた人たち

こんにちは、知念ウシといいます。沖縄から今朝一番の飛行機に乗って来ました。先日（二〇〇三年四月）十二日ぐらいですか、那覇の国際通りを歩いていたら、米兵がいつもよりたくさんいました。彼らがすごくにこやかなんですね。楽しそうでうれしそうなんです。それまではけっこう「お邪魔します」てな感じなのと、傲慢なのと、微妙なグラデーションをもっていたと思うんですけど、その日はもうみんなニッコニコで、解放感がある。記念写真撮ったり、女の人をナンパしようとしていたり。私も「ヘイヘイ」とか、「オトモダチーオトモダチー」と声をかけられました。小学生ぐらいの女の子が二人通りすぎると、米兵が「あの子たちはちっちゃすぎるよねーワハハハー」と笑ってるんですね。こちらとしては九五年の米兵による少女暴行事件を思い出して、「冗談じゃないわよ。あんたたち」と戦慄が走ったりするわけなんです。

それで、ふっと、もしかしてこの人たち、イラクから帰ってきたんじゃないか、と思いました。その後、新聞を見たら、沖縄からイラクに行った米兵が帰ってきた日がそのころだったというのがわかって、ああやっぱりそうだったんだと思いました。

今日はそういう沖縄から来ました。

コワイ！コワイ！コワイ！

私は飛行機が苦手です。コワイんです。それなのに飛行機事故の記事は詳しく読んでしまう。ウチナーグチでは、「うとぅるさむんぬ見いぶさむん」といいます。恐いことこそ知りたいこと、という意味です。それで、知ってしまって、いろんなことを細かく知って、具体的に想像して、さらに恐くなって……、ウーウーって頭かかえちゃうんです。「九・一一」のあとはもっとそうです。でも、沖縄にいる以上はどこへ行くにも飛行機に乗らないといけません。「船に乗れば？」という説もあるんですけど、船だと今度は「対馬丸」というのがあってですね、もっと恐いわけです。ですから、飛行機に乗ってる二〜三時間、もう気を失っていたい。「何が起こるのも私が寝ている間にお願い」という感じで、機内では寝るか瞑想するか、なんです。

今日はですね、座席につくと翼の上で、パネルが動くのが見えました。で、「ひえーっ」と。そして、「飛行機が落ちるとき、このパネルはどんなふうに動くのかな」とか、「WTCに突っ込んだ飛行機の中にいた人はどんな気持ちでこの翼を見ていたのかな」などと、よせばいいのに瞬時に具体的に想像しちゃうんですね。それで、たまらなくなって、スチュワーデスさんに席替えを頼みました。翼が見えなくて、ガーっという振動で「前に進んでるぞー、飛んでるぞー、落ちたりしないぞー」という気分にさせてくれるような席にお願いしますということで。そしたら、前のほうに案内してもらいました。それで、「はー、よかった」と座るとですね、今度は周囲に米兵がズラっといて、冷や汗たらり〜ん。

「ひえ〜ん、もっと恐いよー」

どっかもっと安心できる場所はないの〜、と探したんですけど、結局、同じ飛行機の中だし、とりあえず、米兵からは離れた元の席に戻って、窓を閉めて、目を閉じて、「ここは飛行機の中じゃないぞー、ないぞー」と自分に言い聞かせながら、座っていました。

ガイドライン法案[★1]が出てきた九九年ぐらいから、沖縄―東京間の民間の飛行機（ANAとかJAL とか）に、米兵が堂々と乗るようになったのを記憶しています。富士での演習とか、東京観光もあるかもしれないけど、移動に一般の乗客に混じって、民間の航空機を利用するようになったわけです。

あるとき、ガイドライン法成立直前、那覇発羽田便に乗ると米兵がいました。

「ええ、もういる！」

そして、恐くなって身体ががたがた震えました。そのとき思ったのは、アメリカっていうのは弱い国をいじめているから、その反撃がくるのはテロだろうと。で、たぶん飛行機が狙われるだろうと。標的になるなあと思ったんです。アメリカの敵にとって、自分の敵が乗っている飛行機を狙うのは当然なわけで、「正当な」標的になりますよね。だからこれは米兵が、兵隊が、乗っている飛行機に自分も乗ってるということは、狙われるかもしれないということですよね。

どんなホラー映画より恐いあぶら汗かきまくった三時間でした。その後、米兵はどんどん増えていって、最近では最終便がつくころの深夜の那覇空港は米兵がたくさんいます。乗っているのと、出迎えのと。迷彩服着てる場合も多いです。えっ、ここって那覇空港なの?嘉手納基地なの?という感じ。これから有事法制ができていったり、またイラク戦争で、明らかに日本は参戦しましたから、ますますそういうことになっていくなあと思って、とても恐いです。まあ今日も飛行機に乗って帰りますけどね。

で、何ができるかなあ、と。それに対して私に何ができるかなあと考えて、最初にやったのは、まず旅行代理店にいってチケットを買うときに騒ぐことでした。

「米兵が乗ってない飛行機のチケットください!　だって、コワイんだもん!コワイ!コワイ!アー、コワイ!コワイ!コワイ!」

他のお客さんにもちょっと聞こえるぐらいに。そしたらほらきっと、休み時間とかその後の飲み会とかで「変な客いたよね」という話に絶対なりますよね。それで「やっぱ恐いの当然だよね」というのが常識になって、飛行機会社とかに申し入れしてくれないかなーと。各旅行代理店めぐって同じことやろうかとも思ったんですが、ちょっとそこまで度胸がなくてやりませんでした。で今度は、自分の小心さと見合って持続的にできること、匿名性を保ちつつやれることにしようと考えて、最近やっているのは、飛行機に乗るたびに機長と客室乗務員あてに手紙を書くことです。

「米兵が乗ってない飛行機に乗りたいです。狙われるかもしれないから恐いんです。どうぞ私たち乗客が安全に、安心して空の旅ができるように、私たちを守ってください。兵隊を乗せないようにしてください」

こんな手紙を。例の恐怖の三時間ですから、恐いのを意識しないように手紙に意識を集中させますので、けっこう気迫のこもった手紙になったりします。私の連れ合いは乗務員を呼んで直接

「米兵が乗ってるのはいやです」

と言います。そちらのほうが効果的だと思うんですけど、私にそんな勇気はないので、手紙にしています。

これは、友だちが飛行機の全席禁煙化を頼む手紙を書いていたというのを聞いて思いついたものです。禁煙のほうは実現してますよね。

ガイドライン法や有事法制の問題は簡単じゃないと思いますが、乗務員はお客さんの安全を、空の安全な旅を守るという職業的な使命感をもっているはずですから。飛行機会社の皆さんでもガイドライン法や有事法制のありかたに反対している人たちはいると思います。そういう手紙がポツポツとでもあればその人たちの支えになると思うし、なによりも、本当にそういう安全な旅がしたいんです。

ぜひ、皆さんも飛行機に乗るときは直接言うか、手紙を書くか、してください。

在沖米軍基地の国連査察

アメリカのイラク攻撃が始まる前に国連安全保障理事会がイラクへ査察団★2を送って、大量破壊兵器の有無を調べて、あったら廃棄させよう、ということが盛んに報道されていた頃です。そのニュースを聞いていて、

「ハァー、国連ヨー、イラクだけじゃなくて、モー沖縄にも来てヨー。絶対あるってば、大量破壊兵器。アッチにー（＝基地のなかに）！」

と思ったウチナーンチュは、たくさんいるわけです。

「沖縄にも来いよー、査察団」

「だからよー」

という会話がいろんなところであって、誰か何かしてくれないかなー、と思っていたのですが、誰もしてくれないので、それじゃあ、私たちで手紙でも書くかあ、ということになりまして、ある夜、友達何人か集まって書いた次第です。せっかく書いたんだから、記者会見でもしようかということになって、で、そのうちの一人が
「県庁の記者クラブに電話して予約すると記者会見ができるらしい」

と言ったので、そうすることにしました。そして、それなら差出人の名前をもうちょっと増やそう

じゃないかということになって、記者会見の日まで友達・知り合いに電話や、Ｆａｘ、電子メールで、呼びかけることになりました。その日が月曜日の夜で、できるだけ早いほうがいいということで、水曜日に記者会見することになりました。賛成してくれる人が二─三〇人集まるといいなァと思っていたら、一日半の間に六二三人が賛同してくれました。そして、三月十二日に、生まれてはじめてのドキドキの記者会見をしました。翌日、主に沖縄県内の新聞・テレビが報道してくれました。するとですね、Ｆａｘやメールで「賛同します」と名前を寄せてくれた人がその後たくさん出てきて、二〇〇〇人を超えました。

何万人署名とかいうオッキナ署名に慣れている方にはちょっと物足りない数字かもしれないんですけれども、私はとっても驚いているし感動しているんですね。まったくの個人が友達から話を聞いてとか、テレビや新聞で知ってということで、名前と想い、激励を書いて送ってくれた一枚一枚のＦａｘ・メールが集まったものだからなんです。賛同者の内訳は、沖縄に住んでいる人が主なんですけれども、ヤマトゥやアメリカに住んでいるウチナーンチュの一世、二世、三世も積極的に関わっています。また、ヤマトゥやアメリカの人も賛同してくれています。あの「アメリカこそがテロの親玉だ」という鋭い批判で有名なアメリカの言語学者のノーム・チョムスキーさんからも、賛同のメールを頂きました。チョムスキーさんは御自分の講演や執筆活動を通して、この運動を取り上げると言っています。

シャレのはずが……

正直に言うと、こういうふうな反応に驚いています。なぜなら、私にとってこの、在沖米軍基地に対する査察を国連に要求するということは、まァ一種の諷刺漫画みたいな感じ、言ってみればシャレだったんです。シャレなんだけど本気、本気なんだけどシャレ、という。それなのに賛成するという人はモノスゴイ熱く燃えてて、ワーって来て、「賛成賛成絶対やるべきだ」ていう、ガガガガーと来る。

「わあもう皆さん、落ち着いて、落ち着いて、落ち着いて、シャレなんですから、シャレなんですから、まあ、まあ、まあ、まあ」

と言いたくなる感じで、すごい盛り上がっているわけですね。

これはやっぱりあの

「沖縄にも来いヨー査察団。核があるんだから、きっと。復帰前はあったていうし。いまだってあるかもしれないし」

「大量破壊兵器ていうのはアメリカが世界で一番持っているんじゃないの。実際使ったこともあるのもアメリカだし。なんでアメリカは査察されないわけ？　不公平じゃないの？　ズルイ！アメリカ、ズルイ！国連」

と思っている人がたくさんいるということの表われだと思います。また、沖縄での基地反対運動というものの、行きづまりと言うんですか、九五年以降に体験したことっていうのは、どんなにウチナーンチュの基地反対の声が盛り上がっても、沖縄から基地を動かさないという日本政府があって、それを支持する圧倒的多数の日本「本土」の国民がいる。そのために出口が見えないような状態になっています。そのうえ、経済力を奪われて、札束で脅かされて。すると、基地が動かないのなら、もうその枠の中で利益を得るしかないだろ、と露骨に共犯者になるウチナーンチュも出てきているわけです。沖縄の社会全体がショックを受けているし、混乱してるし、疲労困憊だし、無力感もただようし……でも問題はどんどんやって来る。それに対して

「沖縄は最近元気がない」

「沖縄の反基地運動・平和運動は盛り上がりに欠ける」

とかってヤマトゥの人から言われたりなんかしたら、モウ、ドウスリャイイノヨっていう気持ちになるんです。

そういう沖縄と国際社会のアメリカのやりたい放題化とそれを利用しての日本のやりたい放題化(＝軍国主義化)というう状況のなか、ストレートに基地反対をいうわけではないけれど、

「アメリカも国連もずるいよ。あんなに査察、査察というのなら、在沖米軍基地にも査察に来てみろ、大量破壊兵器を見つけて廃棄してくれ」

と、言おうじゃないか、ということで反応があったのではないかと思います。

この手紙は国連の安全保障理事会のメンバー、理事国の国連大使あてにメール・Ｆａｘ・郵便で

送りました。まだ返事は来てません。私も筆不精なのでひとのことといえないのですが、いや、あちらはそういう仕事でお給料もらってるはずなのですから、言わせてもらえれば、返事すらくれないなんて、ひどい。

国連安保理、失礼やっさー。

その後、皆さんよく御存知のように、査察継続を求める国連と戦争反対の空前の国際世論を押し切って、アメリカとイギリスはイラク攻撃を始めました。大量破壊兵器を見つけてイラクを武装解除させるんだ、と言いながら米英がイラクの人々の命や尊厳、生活空間を大量破壊しているわけです。イラクはこれまでのところ、米英軍に対して大量破壊兵器を使っていないし、大量破壊兵器も見つかっていない。というのは大量破壊兵器って、なかったってことなのかなあ、それをアメリカとイギリスは国連査察で確認して安心して攻撃したってことなのかなあ、などと思いますよね。★3 アメリカは国際法を無視して、あるいはアメリカが世界を支配するという新しい国際法を作ろうとしています。それに対して人類が長い時間をかけて作ってきた〈公平〉とか〈平等〉とかいう概念を手放さないで、これを利用して、或いはそれに新しくイノチを吹き込むように、まず、沖縄にある米軍基地への国連の査察を訴えていきたいです。

ほんとに、沖縄からまず大量破壊兵器がなくなってほしいし。もっと世界じゅうの賛同してくれる人に呼びかけたいです。また、それぞれの方にご自分の近所にある軍事基地への査察というのを要求してみてはいかがかと提案したいと思います。シリアの問題とか北朝鮮の問題とか、まだ国連というものを利用して物事が動いていくし、たぶん国連の査察問題はこれからも出てくることだと思いますので、それを私たちが利用できるチャンスはまだある、それを利用してひっくり返す、というか、まあ、ちょっとつっつく程度かもしれませんが、そういうことに利用できればと思います。

日本人問題

有事法制とか国連査察とかとは少しずれるんですけれど、ぜひ皆さんに考えて取り組んでほしい問題がありますので、あと一〇分しか時間がないのですが、ここでお話しさせていただきたいと思います。

皆さんは長いこと沖縄のこととか、基地の問題に関わっていらっしゃる方々だと思うので、当然ずっとお考えになってきていることだと思うんですけれども、沖縄人とかヤマトゥンチュとか日本人とか言ったときの、その関係、お互いの立ち位置の問題、立場性の問題です。これは「日本人問題」です。それなのに、ウチナーンチュの私が苦しめられているんですね。

私は東京にときどき来ますけど、そのとき、喫茶店や電車のなかなどで周囲のひとを見ます。隣に座ってるひととか、前に立っているひととか。今日は空港の喫茶店でコーヒー飲んでたら、右隣りに二〇代の若い女性が二人座っていて、苦しそうな表情で鬱病のことを相談していました。見ていて、ああ大変だろうなあと思ったり、「私でよければ話聞くよ」と言いたくなったりします。左隣りには一歳半ぐらいの子ともをかかえている夫婦がいて、その子がかわいいんですね。私も沖縄においてきた子どものことを思い出しながら見ていると、親と目があって、お互いニコッとしたりとか。そうすると、アァ友だちになれる人たちだなあと思いますね。だけど、じゃあこの人たちに沖縄の基地の問題、安保の問題を話すと、どんなふうになるんだろう、と思うと、さびしくなるわけです。


私は沖縄の米軍基地というのは、いわゆる日本「本土」の「普通のいい人」たちが、沖縄に押しつけているものだと思っています。つまり、安保には反対しないけど「私のそばに基地があるのはイヤ」とかって思ってしまうことや、「安保や基地のことなんてよくわからない、考えたことない」っていうこと、それが沖縄に基地を押しつけることになっていると思います。もちろん、「基地なんて近くにあるのもイヤ。そんなの遠い沖縄に置いておけばいいんだ、そうすれば、なんかあっても私たちは安全だし。どうせ沖縄は日本じゃないし」なんて、露骨に思っている人はそんなにいないと思います。まあ日本政府のなかにはいるかもしれませんけどね。だいたいは、「沖縄、基地で大変なんだってねー」とか、「政府ってホントひどいよねー」とか言いながら、

「アァでもねえ、もう、どうすればいいのかねえ、難しいことはよくわからない」

「私も仕事が大変でクタクタだから、それ以上ちょっと考えられない」

ということになります。

「うちの近所に基地を置くのは危ないからいや」

という気持ちは、私よくわかります。経験者というか、経験中なので。また、私も「安保とか難しいことよくわからない」し、「疲れているからぼーとしていたい」んです。でも、そんな同じ気持

ちをもっていたとしても、私の近くからは基地はなくならない。そして、日本本土の人＝ヤマトゥンチュ＝日本人が免れてる生命の危険にいつもさらされている。結局、ヤマトゥのひとのそういう意識的・無意識的な気持ちが、沖縄に基地を押しつけていることになっているんではないでしょうか。

私はニッポンの人々を見るとき、いつもこんなふうな思いが湧いてきます。ひとを見ているときは相手も私を見ることがありますよね。でも、物理的に目は合っていても、はたして、本当に互いの視線が交わっている、互いに向き合っている、といえるのかなーと、あまりのさびしさに苦しくなります。

もう一つは、つながっていますが、観光の問題です。

私は沖縄島の那覇市首里に住んでいますが、毎日毎日、観光という名の「支配」にぶつかります。いまや沖縄経済全体が観光業と関連づけられ、ウチナーンチュの生活全般が、観光地化されています。そこにさっき言ったように基地を押しつけている側の日本人が「お客様」として立ち現われてくる。つまり、観光客とそれを迎えるホスト・ホステスというのは普通の対等な人間関係ではないですよね。それは対価をともなう職業的なことだとすれば、その限りでそういう関係に、もしかしたら、徹することができるかもしれません。でも、沖縄でとられている観光政策は、観光業に従事しておらず、観光から直接なんの利益も得ずに生活している人も含んで、ウチナーンチュ全体が観光客をもてなす立場にならなくちゃいけない、というものです。「日本復帰」後、日本政府は沖縄の製造業とか農業・水産業ではなく、観光業に力をいれてきました。それはまさにその目的のた

めなのだ、という説があります。私は観光客の顔をながめながら、

「やるはじやー（そうだろうね）」

と実感する日々です。つまり、お客様として対応しないといけないという人間関係ができてしまうと、お客様を不快にさせるような言動はできないし、問題提起もできない。たとえば、

「貴方たちが基地を押しつけているんですよ。そんなに必要だったら持って帰ってください」

とか、

「基地がなくなるまで、沖縄に来ないでください」

とか、言えなくなるわけですね。もし言ったら、お客様がご気分を害されて
「あっそう、だったら、もう来ないよ。でもそれでいいわけ？　あんたたちの経済つぶれるよ」

と脅かされる構造なんです。


文化の面でも、観光客つまり日本人を喜ばせるように自分の文化を説明・翻訳する（これはようするに同化です）、変えることも要求されることになります。

九・一一以後観光客が激減し、観光産業と、それとリンクする他の産業、つまり、沖縄のほとんどすべての産業は打撃[★4]をうけました。そうすると日本政府と沖縄県政府は「だいじょうぶさあ、沖縄」キャンペーンをしました。それは基地による被害や、反撃される恐怖があっても、また基地があるために自分たちが加害者の立場に立っているという実態にもかかわらず、観光業、つまり経済全体を続けるために「大丈夫です」と言う島に変わったということです。そして、それは反基地運動をつぶす意味もあると思います。

イラク戦争開始後の修学旅行のキャンセルは九・一一後よりは少ない二〜三万人といわれています。少ないからよかったのではなくて、やはり問題はあるわけです。アメリカ大使館の前で断食抗議をしていた牧師の平良夏芽さんは、「いま恐いからといって来るのをやめた人は、もう二度と沖縄に来ないでくれ」というふうに言っています。うーん、その気持ちは私もわかりますが、でも、その恐怖を乗り超えて沖縄に来たことがいいことだとは思いません。来た人たちもそうしたことで、いいことをしたとか、「責任」が免ぜられるとかと、思わないでほしいんです。

「九・一一」後、私が熊本で会った人が、息子さんの学校が沖縄への修学旅行をキャンセルしたことに憤っていました。

「沖縄の人は毎日住んでいるから危ないかもしれないけども、自分たちは二〜三日訪ねるだけだから大丈夫。こういうときこそ行くべきだ」

と言うんです。でも、私は

「なんかそれもちょっと違う」

だって、日本(本土)から来た人が一人二日沖縄にいるとして、次から次へと日本人がやってきていますから、その日数をつなげていけば、一年じゅうだれか日本人がいれば、沖縄は安全になるということ? でも、そんなはずはない。だから、なんか

「沖縄の人にとっては危険だけど、自分たちは日本人だから大丈夫」

「沖縄の人の上に爆弾は落ちてくるかもしれないけど、日本人の上には落ちてこないから大丈夫」

って言われているように聞こえたのです。

沖縄では、キャンセルをしないで来た観光客はすごく歓迎されます。よく来てくれた、と。でも、苦しめている側の人が、苦しい時にほんのちょっとのあいだ励ましに来て、お金を落とす。それって、感謝すべきことなんでしょうか。それは

「基地との共生頑張れ、応援するから」

と言われていることにならないでしょうか。

また、「沖縄って思ってたほど恐くないね」と、基地があっても大丈夫という実感をもって日本（本土）へ帰る、という効果もありますね。今後、どんなに沖縄側が

「基地があるからコワイ、コワイ！」

と言っても、

「イヤァ大丈夫だよ。戦争のとき行ったけど、なんともなかったから」

と言うようになる人が、この経験（特に修学旅行）から育っていかないでしょうか。

沖縄は大丈夫じゃないですよ。私は実際とても怖い。だって、機動隊があんなにたくさん日本（本土）からやって来て、市内をグルグルまわったり、基地の周りを警備しています。それはやっぱり、何か（反撃やテロとかが）ある確率が高いからですよね。そうじゃなかったらあんなに予算を使ってやっていないはずです。だから、実際に住んでいるほうは本当に恐い。

「沖縄は恐いから行きたくない」

と思うのが「正常」です。私だって、沖縄に住んでいなければ、行きたくないですよ。

でも、

「沖縄は恐い、だから行かない」じゃなくて、日本人（ヤマトゥンチュ）の皆さんはその恐怖というのを直視してほしいんです。そして、自分たちは行かないという選択をすることで、安全を確保できる特権的な立場にいるということを自覚してほしいんです。そして、沖縄の人間がそういう安全を奪われているということ、そのことに自分たちは加担しているということ、自分たちが感じた恐怖を自分たちが沖縄におしつけているということを、自覚してほしい。それをちゃんと議論して認識するということが修学旅行でいえば〈平和学習〉なのではないでしょうか。

戦争のときに勇気を出して訪ねていって基地の周りで「アァ戦争ってこんなに緊張するんだ」とか、ガマの中に入って「イラクでもいまごろ人が殺されている」と実感をもって思うのも大切なのかもしれないけれども……、う～ん、でも、いまやっている戦争を考えるために、その戦争の基地を見る、いま殺されている人々のことを考えるために、以前殺された人々のところへ行く、というのは……、それって必要なのでしょうか、想像力の補完のために？　つまり、そこまで想像力がなくなっているということですか？

「沖縄へ行くのが恐い」という気持ちを直視しないまま、沖縄に行ってよかった、と思うのは何か大切なきっかけを失ってしまうことにならないでしょうか。

また、昨今、日本（本土）から沖縄への「移住ブーム」がありますね。なぜそんなに簡単に「境界」を越えようとするのでしょうか。境界には越えていいものと、越えてはならないものがあると思いますが、いま起こっていることは何なのでしょうか。
「移住者」を見ていると、日本社会が息苦しいから、そうではない文化を求めて、そうではない文化を身につけることで自分を解放したいと思っているように見えます。しかし、歴史的に、そして現在も基地を押しつけながら、自分たちが否定し、抑圧してきた文化を、否定・抑圧された側がそれでも生きるために必死で復興させ、つくりあげてきた文化を、またやって来てむさぼる、というのはどういうことなのでしょうか。

具体的には、失業率の高い沖縄へ、政治的・経済的・文化的に優位な日本（本土）からおよそ二万人の「移住者」[★5]がやってくることで、ウチナーンチュの職、土地が奪われています。そしてヤマトゥの人は「勤勉」ですから、ウチナーンチュが「疎外されている」沖縄についての知識や、ウチナーンチュが一生を終えるのに必要のない沖縄についての知識までも懸命に吸収して、そして知識や文化的な技術の面でもウチナーンチュに君臨しようとするんです。そして沖縄のことをわかった気になって、沖縄を代弁したり、つまり、日本に都合の良い沖縄像を語ったり。また自分も沖縄人だと言って、いわゆる被抑圧民族ウチナーンチュのアイデンティティすら「横領」しようとするわけなんです。

残念ながら平和運動にもそういう風潮があるのではないでしょうか。日本（本土）で「平和」と言うとはじかれるけど、沖縄にきたら仲間がいっぱいいて楽しいから運動しに「移住」したとか、沖縄での運動のイベントに日本から大挙してやってきて（「運動観光客」?!:）、
「本土でやったら白い眼で見られるシュプレヒコールを大声でできて気持ちよかった」

とか、言ったりするわけですね。う〜ん、さびしいです。悲しいです。それは沖縄の運動に連帯するとかじゃなくて、自分の利益のために沖縄を利用している感じがしてしまうんです。そうじゃない日本にしない限り、沖縄から基地もなくならないのに。そうじゃない日本にするのは、日本人にしかできないのに。沖縄の運動に入ってきて、頼んでもいない「助言」を始めたり、いつのまにかリーダーシップとろうとしてたり、そうして、普通のウチナーンチュは

「ヤマトゥンチュがいるところはちょっと居心地悪い」

と退いていく。

こういう、日本人（ヤマトゥンチュ）と沖縄人（ウチナーンチュ）の関係性の問題っていうのは、ここで集まっている皆さんはおそらくずっと考えて議論してきていると思うんです。でも、そういう問題意識が、なぜ、沖縄で私の目の前に立ち現われる人たちに継承されていないのでしょうか。愕然としてしまうのです。自分の背負わないといけない責任の問題とか、どうしようもなく逃げられないけど背負って頑張らなきゃいけない立場の問題とか。そういう日本人を批判することはウチナーンチュもやっていますが、ウチナーンチュは他にやらなきゃならないことがありすぎて、とても忙しい。ですから、どうぞ、日本人同士でやってほしいんです。沖縄ではこんなふうなかたちで現われていますが、これはおそらく、日本と他のアジアとの関係、古くて新しい植民地の問題につながっていくことなのでないか、という気がします。日本人として、皆さん、自分の生き方として、そういう現象に対する批判というのをもっとやっていただきたい。沖縄のことはもう沖縄に任せてほしいし、皆さん、日本の人は日本で頑張ってほしい。皆さんはこれまで、自分の故郷、親、兄弟

姉妹、同級生、幼なじみ、同僚、地域の人、友達とか、そういう人のなかで、息苦しい日本社会じゃないものを創りたいと思って頑張ってきたと思います。これまでのみなさんの努力に敬意を表します。そして日本社会がよくならないと沖縄の問題も解決しませんので、本当に頑張ってください、とお願いします。東京では若い世代による反戦運動が盛んになっていると聞きますが、そういう自分の頭で考え動き出した若い世代の人たちに、皆さんが考えてきた日本人の責圧の取り方という問題が継承されていきますように、期待します。

ダニの意地

最後に、戦争の話にもどります。

アメリカ世界帝国の帝王にとって、私たちはダニみたいなものだと思います。どんなに戦争に反対しても、平気で無視して、「レッツ・ゴー」（ブッシュ米大統領がイラク攻撃開始を決定したときのセリフ）といってイラクの人を殺してしまう。止められなかった私たちは共犯者になった。沖縄で基地被害があっても、アメリカは「基地があるから当たり前」としか思ってないでしょう。必要があれば日本だって攻撃させるでしょうね。（その場合の「日本」は沖縄だったりしてね?!）私たちは尊厳や命など平気で踏みにじられるような存在です。

でも、ダニにはダニの意地がある。

ダニの生息している布団で寝たこと、皆さん、ありますか？　私は学生のときに古いアパートに住んでいたので、一か月沖縄に帰省して東京の下宿に帰ってきたら、ダニが湧いていたことがありました。もう眠れなくて大変でした。三日ですっかりゲーって衰弱しました。

だから世界じゅうの皆でダニになってピョンピョン跳んでかじれば、帝国を困らせることができるでしょう。そしたら、もしかしたら、その巨体は倒れるかもしれません。

★1　自衛隊と米軍が行なう協力の枠組みを定めた日米防衛協力の指針のこと。旧ガイドラインは冷戦期の一九七八年に策定された。新ガイドラインは一九九七年に成立し、「平素からの日米協力」また「周辺事態に際しての日米協力」が新たに盛り込まれた。これをもとに一九九九年に成立した周辺事態法（周辺事態に際して我が国の平和及び安全を確保するための措置に関する法律）、ACSC（日米物品役務相互提供協定）改正、自衛隊法第一〇〇条の八改正のことをここでは「ガイドライン法」と呼んでいる。（防衛省サイト、「日米防衛協力のための指針」http://www.mod.go.jp/j/approach/anpo/sisin/index.html）

★2　国際連合監視検証査察委員会（UNMOVIC）のこと。湾岸戦争後の一九九一年に設置された国連大量破壊兵器廃棄特別委員会（UNSCOM）の査察活動を引き継ぐかたちで、イラクにおける大量破壊兵器の廃棄義務の履行を監視、検証する目的で一九九九年に設置された。（国連サイト、"United Nations Monitoring, Verification and Inspection Commission" http://www.unmovic.org/）

★3　二〇〇三年二月にパウエル米国務長官（当時）は、国連安全保障理事会において、イラクが大量破壊兵器を開発しているという証拠を挙げ、イラク開戦の主要な根拠とした。しかし、実際には大量破壊兵器は発見されず、翌年四月には、パウエル国務長官はCIAの情報に誤りがあるかもしれないと認めた（『BCCニュース』二〇〇四年四月三日付け、http://news.bbc.co.uk/2/hi/middle_east/3596033.stm）。同年十月には米政府調査団がイラク国内に大量破壊兵器の存在はなく、具体的開発計画もなかったと結論づけ、イラク開戦の正当性を覆した。（『ワシントンポスト』二〇〇四年十月七日付け、http://www.washingtonpost.com/wp-dyn/articles/A12115-2004Oct6.html）

★4　個人旅行を除いて修学旅行と一般団体で二、一三〇件、二四九、六六二人のキャンセルが発生した。二〇〇一年の入域観光客数は四、四三三、四〇〇人で、テロ事件発生前の年間予想四六六万人を約五％下回った。観光収入減少額は約二〇九億円、経済波及効果では約二九一億円の減少と推計される（下地芳郎『沖縄観光進化論』琉球書房、二〇一二年、二一〇頁、二一八頁）。

★5　内閣府沖縄総合事務局は「県内移住者に関する基礎調査　報告書（本編）」（平成十八年）で、移住者を「住民票を異動し、かつ沖縄県と県外の間で移動した者」とし、動向をとらえようとする。しかし、移住者のみの統計資料がないため、住民基本台帳から転入者、転出者、その両者を差し引いて算出される転入超過数を調査し、移住者動向を推定している。それによると、沖縄県への転入者は毎年二万五千人程度で推移し、転入超過数は九千人で全国で八位。これは「温暖な気候、青い海、青い空、健康・長寿、癒しを求めるなどの沖縄ブームによる流入であるとみられる」。そして「沖縄ブームの追い風に乗って今後とも『癒しの地』等を求めて、多数の移住者が入り込むことが見込まれており、特に団塊の世代は、定年退職後の移住地として沖縄県を選択肢の一つとして注目しているとみられる」そうである。

　しかし、同調査でも指摘されているとおり、転入者には、移住者のみならず、転勤族、Uターン者等も含まれる。また、実際には住民票を移さない者も多く、「移住者」の人数、実態は正確に把握できていない。筆者の生活実感としては、身の回りにわかるほど「移住者」が増えてきている。

ちなみに平成二十三年度十月一日の沖縄県推計人口は一、四〇一、九三三人（沖縄県統計課）である。一方、戸籍法による同年同日付けの県推計人口は一、三九三、〇〇〇人である（「平成二十三年度沖縄県人口動態統計（確定数）の概況」沖縄県福祉保健部福祉保健企画課）。前者から後者を引いた数、すなわち、沖縄県に本籍をもたない在住者は八、九三三人ということになる。

内閣府沖縄総合事務局総務部調査企画課「県内移住者に関する基礎調査　報告書（本編）」http://www.ogb.go.jp/sinkou/shinki/ijuusya_kisotyousa1.pdf

沖縄県福祉保健部福祉保健企画課「平成二十三年度沖縄県人口動態統計（確定数）の概況」http://www.pref.okinawa.jp/site/fukushi/fukushikikaku/tokei/toukei/vsa/h23/documents/h23gaikyo.pdf

沖縄県企画統計課人口社会統計班「沖縄県推計人口　平成二十三年度十月一日推計人口」http://www.pref.okinawa.jp/toukeika/estimates/2011/year/year.html

基地の「平等負担」

他地域の二五五倍[★1]の負担

二〇〇五年十月二十九日発表の日米安保協議委員会中間報告で、普天間基地の辺野古沖移設案の見直しがわかった。では、普天間基地はどうなるのか？

小泉首相は沖縄県以外の地方自治体への移転をほのめかした。しかし、中間報告発表時、沖縄県を含む日本国の全自治体が、辺野古案がつぶれた普天間基地の新しい移転受け入れを拒否。いまや、普天間基地返還には賛成だが、その移転には日本国じゅうの自治体が反対していることになる。それなら、移転なしの返還、が筋だろう。しかし、日本政府はどうせみんな反対しているからと、黙って決めて押しつけることにした。知事の反対も予想し、その権限を奪う法律も準備するらしい。

こんな強権的なやり方には、どこだって困るだろう。ではさて、いったい、どこに押しつけることにするのか？

決めた。

沖縄県だ。キャンプ・シュワーブ沿岸部移設案がそれだ。

なぜ？

沖縄県以外の自治体全部が反対しているから。

沖縄県も反対している。それなのに、なぜ？

地理的に最もふさわしいから？

ちがう。地理的決定論は、すでに数々の研究★2が否定している。安保条約も沖縄集中を規定していない。

すでにたくさんあるから？

それは理由にならない。

それなら、なぜ？

「沖縄の負担軽減」が再編協議の大義名分だ。十一月十一日の全国知事会議で、稲嶺沖縄県知事は首相に対し、沿岸部移設案の拒否を伝えた。面談を求めたが、首相の日程がとれずに叶わず（「沖縄タイムス」十一月十日）、その場で言うしかなかった。小泉首相は言った。

「日本全体の安全に関する問題だということも理解してほしい」（「琉球新報」十一月十二日）

また、十一月十六日、日米首脳会談後の記者会見で小泉首相は述べた。

「平和と安全の恩恵を受けるにはしかるべき負担、代価を払わないといけない。反対する自治体も日米安保で日本の平和と安定を確保している状況をよく考えてもらいたい」（「琉球新報」十一月十七日）

すでに沖縄県民は一人あたり、他の都道府県民平均のおよそ二五五倍の負担をしている。同日、稲嶺知事はコメントを発表した（「琉球新報」十一月十七日）。

「これまで過重な基地負担をしてきた沖縄県が、なぜ、これからもこのような安全保障の代価を払い続けていかなければならないのか、理解できない」

「そのような方法でしか日本の安全保障を考えられないのか、説明が必要だ」

このように「平和と安全の恩恵を受ける」「日本」に沖縄は入っていない。この点から見ると、日本国は日本と沖縄、日本国民は日本人と沖縄人に分けられているようだ。沖縄とは、他の日本のための犠牲となる地域、という意味になる。日本の近代国家編成時以来ずっとそうではないか。

これはいったい何なのか、「説明が必要だ」。

そもそもなぜ、小泉首相、すなわち、日本政府はそんなことができるのか。彼ら個人の性格の問題なのか。そうではないだろう。ようするに、政治家としてそうやっても選挙で負けないからだろう。つまり圧倒的多数の国民が反対しない。言い換えれば、賛成。つまり、そういうやり方で、多数の日本人が沖縄に基地を押しつけているのだ。

沖縄には年間約五〇〇万人の日本人がきて、「沖縄大好き」「癒される」と言い、沖縄人の文化で遊ぶ。沖縄人は期待した。沖縄を知ることで、日本人は安保、基地問題など、沖縄を犠牲にし、アメリカとともに他地域を傷つける日本のあり方を変えるようになるだろうと。文化に触れれば、それを生み出した沖縄人の苦悩、それに対する日本人の責任を考えるようになるだろうと。だから、親切にした、つまり、チャンスを与えた。

しかし、日本人は沖縄を犠牲にすることをやめない。当然、そう明言する人はめったにいない。

多くは「大変ですね」と言う。けれど日本に帰ると、そのほとんどが、沖縄犠牲政策の党に投票し、せずとも、政権を覆さない。その結果を沖縄人は見せつけられる。テレビでは沖縄の文化、自然、長寿の秘訣をとりあげた番組が全国放映され、沖縄人も見る。しかしそのメッセージは、「日本人は基地問題など見ない。責任とらない。関係ない」だ。本や雑誌、映画もだ。それらが沖縄人をとり囲み、侮辱する。しかし、そんな日本人相手の市場に沖縄人を取り込む経済・観光政策が、その怒りや傷を社会から隠蔽する。

もちろん、政府の政策に反対の日本人もいる。沖縄の反基地運動に応援、参加、関わろうとする。しかし、残念なことに、無関心という賛成派の多数の日本人と共通しているのは、自分とは別の「悪い」日本人たちが沖縄に基地を押しつけていて、自分にはその人びとを変える力がない、という無力感にとらわれていることだ。なかには、

「どうして沖縄人はもっと抵抗しないのか、怒らないのか」

「反対しない沖縄人が悪い」

と自己否定感を沖縄人に投影する人もいる。しかし、もっと残念なのは、多数派を変えられない、という結果において、これらの人々も、好むと好まざるとにかかわらず、沖縄への基地押しつけの利益を得ていることだ。つまり、沖縄を犠牲にし、自分のところは基地を平等に負担しなくてもいい、という利益を。安保に賛成し、基地を受け入れる沖縄人もいるが、その人も基地に命を脅かされている。沖縄人の立場からは、このように、日本人の安保賛成派も反対派もあまり変わらなく見える。もちろん両者とも「沖縄に基地を押しつけたい」とはっきり言うことはない。しかし、その

利益は得ているのだ。

いや最近、そう明確に宣言する人物が出た。小泉首相だ。まるで、この日本人共通の利益を守るために、自ら「汚れ役」を買って出たかのように……。

なぜなら、日本政府の基地押しつけ、安保政策を動かす見通しがほとんどたたず、さらに強化される状況で、

「これ以上沖縄を犠牲にできない。ならば、自分のところに基地を持ち帰って、そこでなくす運動をする」

と言い出す日本人がほとんどいないからだ。

「基地という害毒は沖縄に置いておこう」

確かに、誰も基地などそばに置きたくないだろう。しかし、その在日本米軍基地の「不在」は現状において、沖縄を犠牲にし、平等な基地負担を免れるという日本人の利益を守る機能を果たす。だからこそ、沖縄の反基地運動に応援、参加、協力、連帯している、という返事が日本人からは来るだろう。しかし、問題は、そのやり方でどれほど現実が動かせるのか、動かせたのか、だ。

沖縄人にも日本人にも迫られるのは、安保廃棄の展望が今すぐ、近い将来には、ほとんど見込まれないにもかかわらず、沖縄人を犠牲にして日本人が利益を得る、というふうに、日本人が沖縄人

に「敵対」しながら安保を維持し、それが周辺地域への脅威にもつながっている、という歴史的現実・結果を直視し、どう立ち向かうか、なのではないか。

私は、安保条約を覆せていない以上、その結果責任を国民が平等に負担すべき、と考える。よって、沖縄からの米軍基地の県外移転を求める。

消費税に反対の人が、それでも消費税を払うように、成立させた以上みんなが平等に負担し、そのうえでいやならやめると選択するしかない。例えば、国土面積〇・六％の一県で、消費税が全国の七五％徴収されているとしよう。その他九九・四％の都道府県では全体で二五％の負担だ。そして、七五％を課された県が、負担を平等にしてくれ、と言う。そのとき、「これ以上負担したくない」「消費税に反対だから負担したくない」と拒否され、不平等が続く事態をどう考えるか。

この比喩は基地問題には適当ではない、と多くの人が思うだろう。例えば、地理的概念が落ちている、と。しかし、地理的決定論は魔法の呪文だ。これを唱えて多くの人が思考停止し、沖縄への基地押しつけを仕方のないものとする。しかし、先にも述べたが、それはすでに多くの研究によって否定されている。アメリカにとって沖縄の「地理的優位性」とは、維持費用を限りなく出す日本の領土内で、圧倒的多数の日本国民から物理的にも精神的にも遠いため、基地が安定的に置けるところ、という意味ではないか。

また、平和の問題が落ちている、とも言うだろう。自他ともに傷つける害毒である軍事基地を平等に負担すべき、というのはおかしい、と。しかし、安保存続の現実のなかでは、その反論は、「害毒だから、沖縄に置いておこう」という結果になる。これが問題なのだ。

また、「沖縄を基地から解放することばかりを考えるわけにはいかない」「沖縄問題だけを一義的に扱うわけにはいかない」と思うかもしれない。しかし、沖縄を犠牲に日本国の安全保障政策が成立している以上、このような立場はこの政策への加担であり、沖縄人にとっては、差別の実践と受け止められる。

このたびの米軍基地移転案への日本人の反応で、わかったことがある。日本人が米軍基地を嫌い、恥だと思っていること。沖縄での基地被害を知っていること。日本人の多数は政治に、特に安保問題に無関心ではないこと。つまり、移転候補地として名が上がった自治体は激しく反発する。自衛隊ならまだ我慢するが、それとはわけが違う。なぜ、私たちの地域が、外国軍の基地などを置くにふさわしい場所として、名指しされるのだ、不愉快である、侮辱である、と。そして、沖縄での基地被害のようなことが起こったら大変だ、と心配し、電光石火で、受け入れ反対の署名が集まり、政治家が動き、反対の決議が出たりする。

そうか、そんなに嫌いなのか。

私は驚いた。私はこれまで、日本人はアメリカが大好きだと思っていた。親米知識人だってたくさんいる。アメリカの戦争にも自衛隊員を送っている。沖縄に来る日本人には沖縄社会への米軍基地の影響をエキゾチック、「チャンプルー文化」と讃える人も多い。それなのに……。

なるほど、自分のところに外国の軍隊が置かれ、占領される、というのはそんなにいやなことか。それはそうだ。侮辱だ、恥だ。私もよく知っている。では、なぜ、それなら、これまで、日本国占領や外交決定権をアメリカに認める安保条約を支持してきたのか、覆さなかったのか。安保問題にこんなにも関心があるではないか。動こうと思えば迅速に動き、しかもそれは政治的効果をあげることができる。つまり、安保条約を成立させている以上負うべき自分たちの恥を沖縄人に押しつけ、沖縄の恥にして、あとはシランフーナー（知らんふり）。そうやって安保を維持してきたのではないか。

確かに一九五〇〜六〇年代、日本各地には米軍基地がもっとあり、日本人の反米軍基地運動は盛んだった。危機感をもった日米政府は、それらを沖縄に移した。それに反対する日本人はほとんどいなかった。そうやって日米政府は安保を維持した。

これでは、まるで、日本人が沖縄人の顔の上に立っているようなものではないか。

問題は、このからくりに、どう切り込むか、なのである。私は、日米安保というあり方に反対し、沖縄への差別を解消したいと思っているものこそ、在沖米軍基地の県外移転平等負担、という「苦渋の選択」をすべきではないかと思う。

これを、米日軍の拡張に利用され、東アジアをはじめ世界の緊張につながる、と反対する人も多いだろう。しかし、これは他地域の人々の命を盾に沖縄人へ基地受け入れを迫る脅しとして機能する。そうやって沖縄人とそれらの人びとが分断される。さらに、この反論に欠けているのは、日本人の主体性だ。日本人はどうせいいように操られ、政府の軍拡を止められない存在だ、と日本人自身が思っているのなら、この「自虐的」な自信のなさが、沖縄にツケとなって回され、基地押しつけが正当化される。また、沖縄人がそう思っているのなら、それは日本人への侮辱ではないか。米日軍を拡大せず縮小する方向で、在沖米軍基地を移すことも可能なはずだ。

ほんとうに沖縄と日本が平等ならば

重要なのは、日本人が、沖縄への差別をやめ、平等を実現すると決意して、まず沖縄から基地を持ち帰り平等負担することを安保賛成派（無関心層を含む）、反対派、に働きかけることだ。沖縄人との平等を自己にも他の日本人にも突きつけるのだ。これは東アジア諸民族との問題にもつながってくる。激しく反発されるだろうが、そのやりとりを通して、他者を犠牲にして成り立ってきた日本人というあり方がくっきりと、同時にそれによって深く傷つき歪んでいる自分自身の姿も見えてくるだろう。その傷を治すには、沖縄などの他者に癒されようとしてはならない。好むと好まざるとにかかわらず、自覚的か無自覚的かにかかわらず、自分に社会化されてしまっている、そのような生き方をやめる決意をし、実行するしかない。自分を社会化した社会に働きかけ責任をとることで、社会的存在としての自己を解放できる。その過程で、安保賛成派も反対派もともに、自分たちにとって、アメリカ、日本、国家、戦争、平和、憲法、東アジア、世界、歴史、未来を考え、日本人同士の真剣でひたむきな奥深い議論が始まるだろう。それが安保廃棄に本気で取り組む途《みち》とならないか。憲法九条実現の途とならないか。

一方、沖縄人のなかには、「自分の痛みを他人に押しつけたくない」と、県外移転論に抵抗を感じる人もいる。そして、それは「平和を愛する沖縄人のやさしさ」として、日本人に賞賛される。

私はこの説に、共感しつつも、違和感を覚える。

確かに軍事基地によって、沖縄人は苦痛を背負ってきた。私もこのような苦しみは誰にも味わわせたくない。だが、それは本来、日本人の担うべき「痛み」ではないか。安保を成立させ覆せていないのは、日本人なのだから。日本人の「痛み」をこれ以上沖縄人が担当すれば、それは確実に沖縄の子どもたちへ引き継がれる。自分の子どもを犠牲にして、日本人を「守る」ことになる。繰返すが、問題は、このような「敵対状況」にどう向き合えばいいのか、だ。親としては、まず、自分の子どもを守る義務がある。だから、日本人には、自分の痛みは自分で背負い、自分でなくしてくれ、と言うしかない。

また、日本人は「他人」ではない。安保を成立させているまったくの当事者である。逆に、県外移転論に躊躇する沖縄人は、海外へ、例えば、グアムやハワイへの移転を言うことがある。しかし、グアム、ハワイは、もともとそれぞれネイティヴの島であり、まさに「他人」である。アメリカ領だから米軍を置いてもいいのなら、日本領だから沖縄に置いてもいい、になる。また、日本人の利益に反せず賛同を得られやすく移転しやすい、というのなら、日本人、沖縄人の利益のために、沖縄人がグアム、ハワイネイティヴを犠牲にすることになる。

さらに、沖縄人には、日本人に対して米軍基地を「押しつける」力などない。沖縄人には、日本国会で、反対する沖縄県外各都道府県知事の権限を奪うような「在沖米軍基地県外移転促進特別措置法」などを成立させる力はないし[★3]、振興策で圧力をかけようにも、そんなお金はない。機動隊も動かせない。しかし日本人にはできる。政府がすることをそのまま放っておけばよいのだ。沖縄人にできるのは、日本人に呼びかけること、あるいは、日米両政府とともにグアムやハワイのネイティヴにおしつけること、基地を動かさないで、他の沖縄人、特に自分の子どもに押しつけることだ。

「これまで連帯してきた、日本各地で一生懸命運動している人たちを知っているから、基地を持って帰れ、とは言えない」

と言う沖縄人運動家がいる。しかし、なぜ、その日本人運動家のほうが、

「これまで連帯してきた、沖縄で一生懸命運動している人たちを知っているから、これ以上の負担はかけられない。基地を引き取る」

と言わないのか。ある沖縄人が言う。

「それで言えなくなるのなら、日本人は私たちに言わせなくするために『連帯』してきたということか[★4]」

　そもそも、沖縄人の在沖米軍基地の県外移転平等負担要求とは、

「私たちを同じ日本人として認めてくれ」

というお願いでも、

「〇・六％なら喜んで負担する」

というのでもない。

「私たちを差別するな。侮辱するな。近代以来の、私たちや他の地域・民族を犠牲にする生き方をやめてくれ、責任をとってくれ」

という沖縄人からの日本人への呼びかけなのだ。

だから、そのことを沖縄人が十分に認識し、堂々と力強く主張していけば、自衛隊の増強も配備も止められるだろう。それも沖縄を捨て石にすることに他ならないのだから。

たとえ、沖縄人からのこのような呼びかけに日本人が応えなくても、私たちのたたかいは続くばかりだ。そして、いつの日か私たちは勝つだろう。しかしそのとき、日本人は、自己を解放、回復し、人間になるチャンスを、失うことになる。

★1　一人当たりの在日米軍基地専用施設面積の負担率を日本（本土）と沖縄で比較した場合の差。ポジショナリティや国籍の違いなどあるが、それで人数を分類したデータがないため、ひとまず、「日本国人口」と「沖縄県人口」を基に試算した。申し訳ないが北海道（アイヌモシリ）も日本（本土）に含め、日本（本土）人口を日本国人口から沖縄県人口をひいたものとした。そこで、在日本（本土）における米軍専用施設の面積（80, 858, 000m^2）÷人口（126, 398, 000人）＝0. 639709489m^2。在沖縄における米軍専用施設の面積（228, 783, 000m^2）÷人口（1, 401, 000人）＝163. 2997858m^2。後者を前者で割ると二五五・二七一七八九一。すなわち、在沖縄の一人の米軍専用施設面積負担率は、在日本（本土）の一人の二五五・二七一七八九一倍、およそ二五五倍となっている。

日本国人口、沖縄県人口は「総務省統計局統計データ、日本の統計」（http://www.stat.go.jp/data/nihon/02.htm）より。

米軍専用施設面積は「H24, 3 沖縄の米軍基地及び自衛隊基地（統計資料集）」（http://www.pref.okinawa.jp/site/chijiko/kichitai/toukeisiryousyu2403.html）、「本県の米軍及び自衛隊基地の全国比率」（http://www.pref.

okinawa.jp/site/chijiko/kichitai/documents/h24toukei-2-1.pdf）より。

★2　例えば、宮里政玄・我部政明・新崎盛暉編著『沖縄「自立」への道を求めて――基地・経済・自治の視点から』高文研、二〇〇九年。屋良朝博『誤解だらけの沖縄・米軍基地』旬報社、二〇一二年など。

★3　一方、沖縄に基地を押しつける側のほうでは、在沖米軍基地用地の使用期限切れ後も、地主の合意なしでも「合法的」に使えるようにする「改正駐留軍用地特別措置法」を、一九九七年四月十七日の参院本会議で八割を超える賛成多数で可決させた（衆院本会議可決は四月十一日）。

★4　國政美恵「◆金曜集会の現場から◆⑧ヤマトのあなたへ」『けーし風』44号、新沖縄フォーラム刊行会議、二〇〇四年九月。

アメリカで在沖米軍基地の日本「本土」お引き取り論を語る

アメリカで語る

みなさん、こんにちは、知念ウシと言います。沖縄から来ました。沖縄人で、女性で、今までのところ異性愛者です。ライターで、沖縄の反基地アクティヴィストで、米海兵隊普天間基地周辺に住む女性を中心とした基地反対グループ、「カマドゥー小《ぐゎ》たちの集い」のメンバーです。ご招待ありがとうございます。これから、「沖縄問題」を象徴するものとしての「基地問題」についてお話ししたいと思います。このことについてみなさんと議論できるのを楽しみにしています。

グローバリゼーションと沖縄

今回のシンポジウムの全体のテーマは「グローバリゼーションを問う」です。

ご存知のとおり、グローバリゼーションとは、アメリカが主導するプロジェクトですが、日本政府は積極的にその一部を担おうとしており、それは日本の国益にかなうものだとされています。そのような日本の関わりにおける鍵となっているのは、日米の軍事同盟であり、それは沖縄を犠牲にすることで成り立っています。アメリカは、東アジアにおける自らの重要な軍事基地支配を維持するために、日本の沖縄への差別を利用しています。

今日、アメリカと日本は沖縄の基地負担を減らそうと装っていますが、それは本当ではありません。

沖縄は一九世紀後半琉球国が日本国に武力征服されて以来、日本の利益のために犠牲にされる立場であり続けています。ですから、今日の状況は過去からの継続と言えます。日本による沖縄差別には長い歴史があり、問題は現在の「基地問題」だけではありません。

日本は今日、国家として、「日本」に対して「沖縄」と、分けられて構成されていると言えます。「沖縄」というのは、日本に〝捨て石〟にされている地域という意味です。そして「日本国民」というものも「日本人」と、それに対して「沖縄人」とで構成されていると言えるでしょう。「沖縄人」とは日本人にとっての〝捨て石〟にされる人、という意味です。

在沖米軍基地の日本移転負担平等論

日本国内に置かれている米軍基地の七五％が、国土面積のわずか〇・六％を占める沖縄に集中している[★1]ことはよく知られています。この「〇・六に七五」という言い方は、沖縄で基地問題に関わる人ならおそらく誰でも口にしたことのあるものです。それは単なる「基地反対」「平和」を求めるものではありません。そうであればそう言えばいい。この数字は必要ないのです。なぜわざわざこう言うのか。つまり、これは「不平等」、圧倒的な不平等、日本が沖縄を犠牲にしていることを告発する言い方なのです。

私たち「カマドゥー小たちの集い」はすぐに基地をなくすことが難しいのであれば、沖縄にある米軍基地をひとまず日本に移し、すべての日本国民が負担を平等に担うべきではないか、と呼びかけています。

沖縄の負担は、国土面積比率から計算して〇・六％になるかもしれません。人口比率からいって、一％になるかもしれません。または、日本国家全四七都道府県の内の一県であるということから、四七分の一になるかもしれません。あるいはより公平にいえば、これまでの過重負担の長い歴史を埋め合わせるために〇％であるべきかもしれません。

在日米軍基地の存在を規定する日米安全保障条約には、「日本国に置かれる米軍基地は沖縄に置かれるべきである」という条項はありません。そして基地が沖縄に置かれるべき地政学的理由などないことは、米軍自体の証言や多くの研究がすでに明らかにしています。

なぜ日米安保が成立しているのか

なぜ、日本政府は日米安全保障条約――いまや「日米同盟」――を締結でき、沖縄にのみこのような過大な負担を負わせる政策がとれるのでしょうか。それは主に、日本の政治家や官僚の個人的な性格の問題ではありません。その理由とは、そういう政策の結果としてかれらが権力を失うことは決してない、ということをかれらが知っているからなのです。つまり、与党はこの問題で絶対に選挙に負けることはないでしょう。これは、日本国民の多数派はこの政策に反対していない、つまり、賛成していることを意味します。

一方、観光産業においては、私たちは〝沖縄ブーム〟のさなかにあります。毎年五〇〇万人の観光客（沖縄県民人口のほとんど四倍の数）が日本から沖縄にやって来て、私たちの文化で遊び、私たちの山や海をうろつきます。私たち沖縄人は初めは期待しました。日本人が沖縄にやって来ることは、かれらが、例えば、戦争、平和、基地問題など考え出すきっかけになるのではないか、もしかれらが沖縄の歴史を学んだとしたら、かれらは自分たちのふるまいを反省し変えることにならないか、と。かれらが沖縄の文化を知れば、その文化を生み出した沖縄人の苦悩を想像し、沖縄への日本人の責任を考え出すだろうと。ですから、沖縄人は日本人旅行者に親切にしようと努力してきました。しかし、期待は未だかなってはいません。日本人の態度は変わりません。日本人はその問題に〝無関心〟という立場を取り続け、沖縄人の〝捨て石〟化を続けています。

もちろん、多くの日本人は沖縄滞在中、親切でいい人に見えますし、沖縄へ同情を示すこともあります。しかし、日本に帰ったあと、かれらが政権を倒したり、その沖縄政策を変えさせたりするのを見たことは、残念ながらまだありません。

〝沖縄ブーム〟として、沖縄は、本や、雑誌、テレビ番組で取り上げられ、「癒しの島」と語られます。しかし、沖縄の島々はだれにとっての癒し効果をもつのでしょうか。そしてこのようなメディアが基地問題などに注目することはまれです。これは、沖縄人を悩ます基地問題について日本人は関心がない、という意思表示と受け取れます。このように沖縄人は侮辱されています。

もちろん、一貫して頑固にも政府のこのような安全保障政策に反対している日本人たちも少数ですが、います。しかし、残念なことに、かれらは政権を倒したり、政策を変えさせたりするのに成功していません。そしてもっと残念なことにかれら自身はその失敗のツケをほとんど払っておらず、沖縄人に払わさせているのです。

ほとんどの日本の平和運動家は、沖縄から米軍基地を日本に移すことに抵抗を感じます。「平和主義」に反する、と言って。これは「平和主義」と沖縄差別をやめること、平等のどちらを選択するかと迫られて、平和主義を選んでいることになります。これはかれらにとってだけの「平和主義」となってしまい、沖縄人の「平和主義」は排斥されている結果になっていないでしょうか。

「沖縄差別のない平等な平和主義」を実現することはできないのでしょうか。

沖縄人という立場から見れば、日本人の立場というのは、政府の政策に賛成しようが反対しようが、あまり変わらなく見えるのです。政府の政策への賛否にかかわらず、かれらは依然として、そのなくせない、持続する政策である在日米軍基地を平等に負担しないでいい、という特権的立場にいるからです。

日本政府の沖縄を犠牲にする政策は日本の圧倒的に多数の世論によって支持されてきており、反対派はそれを変えることができないできました。そして日本人一般はその結果を、望む望まないにかかわらず、享受してきました。

日本に米軍基地を置く根拠である日米安保条約が締結されたとき、沖縄はそれに賛否を表明する資格さえ与えられていませんでした。そして現在その日米安全保障条約が〝即時に〟廃棄されると期待することは残念ながら難しいようです。それをどんなに希望し願っていようと否と。実際、それは日米軍事同盟として強化されています。そして相変わらず確かに、沖縄を〝捨て石〟にし続けることが日米の利益にかなうとされています。

利益が対立している沖縄人と日本人

日米安保条約が日本国と日本国民、あるいは日本人に安全を保障するという利益を本当にもたらしているかどうかは、議論のあるところです。しかし、このような安保体制から日本人はある利益を確実に得ているのではないでしょうか。

それは何でしょうか。

ほとんどの基地を沖縄に置いて見えなくすることで、自分の土地にこのような基地を置くことを屈辱であると感じなくていい、という利益です。日本人はそれを「自分たちへの侮辱」（であればかれらは怒るでしょう）ではなく、「沖縄の屈辱」と考えることができます（だから、かれらは沖縄へ「同情」を感じることができるでしょう）。また、日本人は基地がもたらす事件事故の恐怖のなかで暮らさなくてよくなります。さらに、かれらはこれらの基地が他の国を攻撃し、罪のない人々を殺すことに使われている事実に責任を感じなくてもよくなります。かれらは、基地がアメリカのするいかなる戦争でも正当な反撃目標となることを心配しなくてもよくなります。

第二次世界大戦後の六〇年間以上にわたって、日本人はこのような状況のもと、生まれ、育ち、社会化されてきました。

この意味で、日本人と沖縄人とでは利益が対立してしまっています。

そしてこのような分断対立状況が、圧倒的多数の日本国民（＝「日本人」）の安保政策支持をもたらし、日米両政府は沖縄への基地押しつけを基盤とした東アジア政策を安定的に維持できてきました。アメリカは、日本政府と日本人の沖縄人への、このような態度を利用しているといえます。

沖縄人が平等を求めること

この状況に私たちはどのように立ち向かえばいいのでしょうか。

私はまず、平等を求めます。

すなわち、日本人は〝自らの〟米軍基地を、沖縄からまず自分のところに引き取るべきだと思います。ですから、在沖米軍基地は日本に〝戻し〟、平等に負担することを考えるべきだと思います。なぜなら、在日米軍基地を積極的にも、消極的にも欲しているのは日本人の方だからです。

日本国において、沖縄以外の日本の領土面積は九九・四%を占めます。つまり、日本には多くの土地があります。すでに日本中に多くの空港も滑走路もあり、オリンピックを誘致したがるぐらいの土地もあります。

また、もし、日本人が〝自分のところ〟に基地をもちたくないというのなら、かれらは自分で行動を起こし、それをなくすことができるでしょう。

グアム等移転案に反対する

日米両政府は普天間基地の県内移設を条件として、沖縄島の嘉手納基地以南の米軍基地をグアムに移し、それをもって沖縄の基地負担を減らすと言っています（それによって、これまでの在日米軍基地の七五％の負担率が七四％か七三％になるそうです！）。沖縄にはこれに賛成する人々もいます。普天間基地のグアム移設を唱える政治家や、さらに、ハワイやフィリピンへの移設を主張する政治家もいます。

しかし私はそれには反対します。日本に米軍基地を置きたがっているのは日本人です。ですから、責任を取るべきなのは日本人本人です。なくせるのも日本人自身です。そしてグアムやハワイの島々はなによりも、そのネイティヴの人々に属するものです。もしそこが「アメリカの領土」であるから米軍基地が置かれてもいい、というならば、同様な論理で沖縄が「日本領土」である以上そこに基地を認めてもいい、ということになります。

ましてや、フィリピンはアメリカの領土でもない外国であり、さらに、国民投票で米軍基地撤退を可決実現したところです。そういうところにどうして、沖縄人が米軍基地を移せと言えるでしょう。

ただ、このように、さらなる弱者に日米の国力に便乗して基地を移そうとする「醜い沖縄人」は、沖縄から基地をなくそうとしない日本人が生んだものとは言えないでしょうか。沖縄から基地をなくそうとしない、できない、しかし、引き取ろうともしない圧倒的な日本国民＝日本人に対して、何を言っても無駄だという現状認識が、沖縄人のそのような選択を引き出しているのではないでしょうか。基地を押しつけられる沖縄人、グアム人、ハワイ人、フィリピン人を分断し、自ら基地を欲しながら、それを自分の問題とせず（反対闘争も含む）基地の負担から逃れるという〝漁父の利〟を得ようとしている日本人こそが「もっと醜い」のではないでしょうか。沖縄人のグアム、ハワイ、フィリピン移設論を批判する日本人は、沖縄から基地をなくすか、引き取るか、すべきではないでしょうか。

「やさしい沖縄人」への反論

「自分の痛みを他人に押しつけてはいけない」、したがって、基地は日本に移すべきではない、という沖縄人もいます。すると「平和を愛するやさしい沖縄人」として日本人に好意的に評されるようです。しかし、この意見に対する私の返答は、

（1）この痛みは「私たち」の痛みではありません。日米安全保障条約を支持している（覆せていない）のは日本人である以上、その政策がもたらす痛みはかれら本人に属するべきです。私たちに、ではありません。そしてもし、かれらがその痛みを好まないというのなら、他人に押しつけるので

はなく、自分自身で痛みをなくす、すなわち、基地をなくすべきでしょう。
（2）日本人は単なる「他人」ではありません。かれらはこの状況を創り出している主体です。グアムやハワイのネイティヴの人々こそが「他人」です。
（3）私たち沖縄人は誰にも基地を押しつける権力などもっていません。私たち沖縄人は、日本国の国会で〝在沖縄米軍基地日本移転特別措置法〟を賛成多数でも、ぎりぎり過半数でも可決させることはできません。私たち沖縄人は、日本国の公務員を動員して、豪華なカラーパンフレットを持って移転を説得させるため戸別訪問させたりすることはできません。機動隊を動かすこともできません。基地移転の実施に応じて、振興策＝お金をあげることもできません。しかし、日本人はできます。日本政府のやることをそのままさせておけばいいのです。私たち沖縄人にできるのはグアム、ハワイ移転案に賛成して、〝私たちの痛み〟（他人の犠牲になることによる痛み）をその当地のネイティヴの人々に押しつけることです。また、私たちが沖縄に基地があることを許し続ければ、私たちは次の世代の沖縄人たちへ基地を押しつけることの共犯者となります。私たちは自分の子どもたちを、基地は必要だけれど自分で負担はしたくない、という日本人のために差し出してしまうことになります。ですから、子どもたちのためにも、私たちは日本人に言わなくてはなりません。自分たちの「支持する」政策の責任は自分で取ってくれ、と。

性暴力の移転も認めるのか

そうなると、次のような懸念が湧いてくるでしょう。つまり、性暴力についてはどうなるのだろうか、と。

よく知られているとおり、在沖米軍基地の最も醜い側面の一つとは、それが沖縄の女性や子どもにもたらす性暴力です。基地の日本移転は、この性暴力の移転も意味するのでしょうか。その結果、日本の女性や子どもが性暴力の被害を受けたら、私たち沖縄の女性はその責任を取れるのでしょうか。

しかし、その前に、なぜ日本人女性は同じように問われないのでしょうか。

「沖縄人の女性や子どもを犠牲にして米兵から性暴力を（かなり高い割合で）受けないで済む利益を得てきた責任を、あなたはどう取りますか」

と。

したがって、私の答えは右と同じになります。日本人の女性たちは、彼女たちの政府の政策の結果の性暴力が主に沖縄人女性に被害をもたらしてきたという事実を負わなくてはなりません。

日本政府の政策による苦しみは私たちではなく、その政策に賛成し、あるいは反対していても覆せない本人である女性を含めた日本人自身が担うべきです。もちろん、性暴力の被害を甘んじて受けろ、ということではありません。私が日本の女性に言いたいのは、「私たちを犠牲にするのではなく、自分で自分自身と子どもたちを守って下さい」ということです。そしてもし、日本の女性たちが自ら基地を沖縄から引き取りながら、日本から基地をなくそうと立ち上がるならば、それによって、日本人女性は沖縄人女性と連帯、シスターフッドが結べるようになるのかもしれません。

他のアジア人にとって

米軍の脅威にさらされる他のアジア人、例えば、南北の朝鮮人やフィリピン人、中国人の立場からは、沖縄から日本に米軍基地が移ったとしても、「そこ」にあるのは変わりません。むしろ、この沖縄からの声が日米に利用されて、日本の軍拡を進め、東アジア、さらに世界の緊張を高めることにならないかと不安になるのではないでしょうか。

確かにそうです。これはとても「危険」な主張です。

そしてたとえ沖縄から米軍は去っても自衛隊は去らないかもしれません。逆に取って代わるかもしれません。沖縄から米軍は去っても日本人は沖縄人への植民地主義をやめないかもしれません。

問題は、日本人の主体性なのです。

他のアジア人が（もしかしたら、日本人自身でさえ）信用できないと警戒しているものと、沖縄人が闘おうとしているものは同じものだと思います。つまり、アメリカに守られ続けている日本の終わらない帝国主義、それを支える日本国民一人一人の心のあり方です。日本人の沖縄に対する植民地主義に象徴されるもの。また、それに共犯することになる沖縄人の日本人と同化された心性。その双方を打ち破ろうとするのが、在沖米軍基地を日本人がまずきちんと引き取ることを求める、日本国内県外移転平等負担の主張なのです。

日米の帝国主義の要をはずす

沖縄人が日本人に平等を求め、日本人がそれに応答し自らに沖縄人との平等を突きつけるとき、日本、アメリカ、国家、基地、軍隊、戦争、平和、憲法、東アジア、民族、人権、歴史、未来、つまり、日本の近代国家の成立以来からこれまでのことを考えざるをえなくなるでしょう。それが、安保賛成派も反対派もともに真摯な議論を始める契機とならないでしょうか。このとき、これまでのような軍事政策をあらためる国民的議論にしていけないでしょうか。この過程が国家を揺るがせ、軍隊や戦争のない社会、世界への途をつくっていけないでしょうか。

日本は日米関係のネガティヴで屈辱的な部分を沖縄におしつけ、あたかもそれが〝沖縄の屈辱〟

であるかのようにして、無視し、第二次世界大戦後の日米関係をつくってきました。このようにして、日本とアメリカは、共犯して東アジアへの帝国主義を続けてきました。したがって、「沖縄問題」は沖縄の問題ではなく、日本とアメリカの問題です。

米軍基地の日本国内県外移転平等負担を求める沖縄からの声とは、平等を求める声です。それは、「同じ日本人として認めて下さい」という懇願ではありません。「平等になら喜んで基地を負担しますよ」という意味でもありません。それは、「沖縄を差別するな、捨て石にするな、植民地化をやめてくれ、近代以来の他民族・他地域を犠牲にする生き方をやめてくれ、責任をとってくれ」という日本人への呼びかけなのです。このことは、自衛隊の配備や増強を止めることへもつながっていきます。

これは、東アジアでの日米の帝国主義の要をはずそうとするものです。

アメリカ人はどういう立場をとるのか

アメリカ人のなかには、「アメリカが東アジア・西太平洋に米軍基地を押しつけている以上、その地域全体から米軍基地をなくすべきで、どこに移すかの議論には賛成できない」と考える人もいるでしょう。

沖縄人は沖縄から基地をなくすため、戦後六〇年以上努力してきました。しかし、これまで、まだなくせていません。むしろ基地は強化されています。それは沖縄人の力量不足なのでしょうか。私がここで言おうとしてきたのは、沖縄人だけで沖縄の未来を決められないのは他の圧倒的多数の日本国民、つまり日本人による沖縄差別にもとづいた民主主義が原因なのではないか、ということです。それと共犯してアメリカは東アジアでの帝国主義を続けています。私は日本以外のアジア、韓国やフィリピンなどに基地を移すことを主張していないことに気がついて下さい。繰り返しますが、近代以来、沖縄を犠牲にして日本が帝国主義を行使し、それとアメリカが結託しています。そういう東アジアにおいて、沖縄人から日本人へ、その日米の帝国主義の要石を外すための呼びかけを行なっているつもりです。

問題は、このような日本人の植民地主義、沖縄人差別にアメリカ人はどういう立場をとるのか、ということです。「地域全体から米軍基地をなくすべきで、沖縄の日本移転の声には賛成できない」というのなら、現状では結局、「沖縄にこのまま置いておけ」ということになってしまわないでしょうか。沖縄人の目からはそれは、沖縄に基地を置き続けようとする日本人と共犯しているように見えてしまいます。

もしかしたら、自国の軍事政策を改めさせる国外からの基地撤退という大きな世論を（まだ）つくれないアメリカの平和運動は、沖縄から基地を撤退させる国内世論を（まだ）つくれない日本の平和運動の方に無意識にシンパシーを感じ、自己を問うことをさけたいがために、日本人も問いたくない、という反応が出てくるのでしょうか。

沖縄人の主体性

これまでの話から、私が沖縄人の立場を「無垢で善なる正しい被害者」としてとらえ、「基地をなくせない自分たちの運動の弱さを他人のせいにしている」と感じる方もいるかもしれません。

六〇年以上の長きにわたり、基地を押しつけられ、沖縄は社会も個人の精神状態も歪むことを余儀なくされています。一方で、〝基地が動かせない以上〟、と、闘うことを放棄し、基地から利益を引き出そうとするものも出てきます。それがさらなる、基地押しつけを「呼び」、それに共犯、加担しています。他方で、このような状況に沖縄人として責任をとり主体的に取り組もうとする人々がいます。そのなかには、そうしようとするあまり、この状況の日本人問題としての側面を見落とし、沖縄〈人〉問題としてのみ扱ってしまうことがあるように思います。それによって、主体的に取り組み責任をとるべき日本人を免責してしまい、結果として、日本人による基地押しつけと共犯してしまう結果になってはいないでしょうか。自分も自分の子どもも含めて、他の沖縄人も基地を押しつけられることが当たり前で、沖縄人の存在意義が反基地闘争にある、と心の奥深くで思わされてはいないでしょうか。これは、このような態度が通りがよい、つまり、日本人に評判がよいという利益を得られることにも関係があるのかもしれません。近代以来の植民地化で沖縄人に教育された、沖縄人と日本人の不平等が当たり前であるという〝日本人中心主義〟〝日本人優越主義〟と関わっているのかもしれません。これは、まさに私や私の仲間たちがこのような精神状態のなかにいたのであり、そしてそれによって、沖縄から基地が動かない状況に加担してきたのではないか、と私たちは気づいてきたのです。そこで、私たち〝カマドゥー小たちの集い〟はこのようなことを打ち破るためにも、一〇年前から在沖米軍基地の県外、日本〝本土〟移設の問題提起を行なっているのです。

地球上から基地がなくなる最初の日に

私はこの地球上からすべての戦争、基地、軍隊がなくなって欲しいと願っています。しかし、「地球上からすべての戦争、基地、軍隊がなくなる」最後の日にやっと沖縄から基地がなくなることを、待つことはできません。それはいったい、いつになるのでしょうか。私はまず、自分の場所から基地をなくすのが沖縄人の責任だと思います。競争する意味ではなく、志とし、それぞれの人が、「地球上からすべての戦争、基地、軍隊がなくなる」最初の日に自分の土地から基地をなくすように努力すべきだし、実際、世界じゅうでそのように人々は努力していると思います。

日本人も日本の地で〝自分の〟基地をなくすように今後そのような努力がもっとされていくことを期待します。

アメリカの基地を沖縄からなくすために、アメリカ人がどのような態度をとるのかも、沖縄人は見ています。

★1　在日米軍基地専用施設の沖縄県の負担率のこと。近年は七四％といわれている。沖縄県知事公室基地対策課によれば、二〇〇六年三月末七四・六％だったのが、読谷補助飛行場、瀬名波通信施設の返還により、二〇〇七年三月末に七四・三％となった。さらに、ギンバル訓練場や泡瀬ゴルフ場の返還によって、二〇一二年三月末で七三・八％になった。その数字を四捨五入して七四％といわれている（二〇一三年八月一日一五時四七分から、筆者が電話にて確認）。

※二〇〇六年五月十二日、アメリカ、スタンフォード大学日本研究者の会（東アジア研究センター）のシンポジウム「グローバリゼーションを問う——現代日本を横断するアイデンティティ政治」円卓討議「沖縄と日本におけるジェンダー、植民地主義、軍事主義」での英語による発表をもとに日本語に書きおこし加筆した。

「県外移設」と「琉球独立」

1　真久田正氏[★1]からの批判

「うるまネシア」前号（第一一号、二〇一〇年十月一日——以下「前号」と略す）に掲載された、真久田正氏の「シリーズ琉球独立研究①『琉球弧の自己決定権と脱植民地をめぐって』をめぐって」を拝読した。それにおいて、真久田さんは、二〇一〇年五月十五日の「五・一五シンポジウム・琉球弧の自己決定権と脱植民地をめぐって」での野村浩也さんと私の発言を中心に、野村さんと、特に私への批判をお書きである。

五・一五シンポジウムとは、「琉球弧の自己決定権の樹立へ有志連合」が主催したものである。米海兵隊普天間基地の移転先を「最低でも県外」と言って成立した民主党政権・鳩山首相が、それをまた沖縄に押しつけようとする意思を公けにしてくる過程、つまり、鳩山来沖、日米共同声明に対して、沖縄側のその「公約」実現を求める活動、四月二十五日の県民大会、五月十六日の普天間基地包囲行動の真っただなかにもたれたシンポジウムであった。

そこでは、前記テーマにつき、第一部として、野村浩也さんと私の対談、第二部に島袋マカト陽子さん、金城有紀さん、真喜志好一さんからの発言があった。司会・進行役が真久田正さんだった。

さて、真久田さんの批判の主旨は以下の一文に要約されるのではないか。

基地撤去だけではなく、同時に（あるいはその前に）自己決定権を行使して独立を宣言し、日本政府または国民に突きつける方が日本人の植民地主義をやめさせるためにはてっとり早いのではないか。（前号五七頁）

その理由としては、たとえ普天間基地の県外移転が実現しても、その跡地に自衛隊やヤマトゥの大企業（リゾートホテル、工場、ショッピングセンターなど）の誘致・進出がなされれば、「依然として植民地主義はなくならないと思う」（同五七頁）からである。

それに対して、シンポジウムで、野村さんは、基地問題はたくさんある植民地主義の問題の一つであり、「我々は今日目の前にある問題を一つ一つ解決していこうと言っているんです」（真久田氏による野村氏の発言の主旨要約、前号五八頁上段）と述べた。

私は「そうです。ですから、私たちはその一つ一つを解決していくためには、私たち一人一人がヤマトゥンチューに対してこれはあなた達の問題でしょう、基地はあなたたちのところへ持っていきなさいよと言い続ける必要があるんです」（真久田氏による知念発言の主旨要約、同五八頁上段）と答えた。

これに対して、真久田さんは次の二点から反論・批判する。

（1）脱植民地主義の立場から一つ一つ反対しなければならなくなると、「いつまでたっても我々は反対運動、抗議運動ばかりをしていなければならなくなり、身が持たないと思うのだ。それではすべてが徒労に終わってしまうだろう」（同六七頁上段）。さらにそうなれば「かえって『君たちは何でもかんでも反対なのか』と、多くの県民や宜野湾市民から総スカンを喰うにちがいない」（同六七頁下段）。

（2）日本人に向かって「そんなことをしつこく言ったって、ヤマトゥンチューには全然通じないことはお互いよく知っているではないですか。今のヤマトゥの政治家、文化人、マスコミ陣にそんなことといくら言っても何の意味もない。そもそも、ヤマトゥンチューを相手に何か文句や抗議を言うこと自体がまったく無駄であり、徒労にすぎない」（同六八頁下段～六九頁上段）。

そして真久田さんは結論づける。

「だから我々は、ただひたすら我々の独立の道をいくしか未来はないのだ、とわたしはそう信じているのである」（同六九頁上段）。

2　真久田氏の論に関する疑問

私から、真久田さんにお伺いしたいことが、大まかに、二つある。

まず、「自己決定権を行使して独立を宣言し、日本政府または国民に突きつけ」(前号五七頁)たり、独立して「日本の法律制度や官僚主導を一切排除して琉球・沖縄の議会であらゆるものごとを決定し実行」(同六八頁下段)したり、「今から全部まとめてひっくりかえし、憲法から法律制度、教育制度の何から何まですべて琉球人・沖縄人主体の社会制度に改革することを準備」(同)したりできるようになるための主体性や力をどのように育んでいくつもりなのか。「ただひたすら我々の独立の道をいく」(同六九頁上段)とは何をすることか。そのような主体性や力をどう鍛えていくつもりなのか。

次に、真久田さんは自ら、「われらが民族自決権を行使し、独立した後であっても日本の民族問題は依然として残るのだ」(同六四頁上段から下段)と言う。では、どうしたら、それから沖縄人琉球人は解放されるのか。

3 「独立」と「県外移設」の相違・関係

以上の点について考え、同時に真久田さんからの私への批判について応えるために、まず「独立」と「県外移設」の相違・関係について整理してみたい。

(1) 次元がちがう

いまや具体的な政策としてそれを主張する沖縄県知事さえ誕生させ、現実的実現課題となった在沖軍事基地、特に在日米軍海兵隊普天間飛行場の「県外移転」(日本「本土」への返還)の主張と、まだ選択・実現可能な具体的政策の段階に入っていない「琉球独立」の主張とは、次元がちがう。

しかし、両者は対立するものでは決してない。独立を志向したり、具体的運動にかかわる者が「県外移設」運動を避けたり、やめたりする必要はない。反対もそうである。むしろ、独立の実現に関しては、後者が貢献する可能性は大きい。

(2) 日本人の反応

「県外移設」の主張とはすなわち、「在日米軍基地は、依然として撤廃できていない日米安保条約の下、あなたたち日本人のものだから、引き取って自分で担い、いやなら引き取りつつ自分でなくしなさい」である。

これを日本人に言うと、これまで友好的・平和的に向き合っていた人でも、動揺して、不可思議な反応を見せることが多い。怒りだしたり、話をはぐらかしたり、沈黙したりする。

「安保や基地を認めることになるから、できない」の一点張りの人も多い。安保や基地を「自分でなくしなさい」という部分や「その存在を認識することと賛成することは違う」という反論も、耳にも入らないぐらい、感情が強く動くようなのである。

最近は、ほぼ同様な政策要求(実際は重要なところで違う。「自分でなくしなさい」の部分がない。しかし、日本人がその運動をつくるしかない結果はもたらすだろう）をする沖縄県知事の存在で、日本人の反応は多少は変化した。それでも、「気持ちはわかるが、実現しないだろう」と他人事のように言う人もいるし、「引き取ることは絶対にできない」と答えるか、依然として、話を変えてごまかそうとする人も多い。しかし、納得する日本人もいることはいる（といってもまだ、引き取り運動を起こすほどではないが）。

そして興味深いのは、そのように「県外移設」をめぐってやりとりをしていると、突然、日本人が「沖縄は独立した方がいい」と言い出すことである。現在の菅直人日本国内閣総理大臣もその一人だ。「最低でも県外」と言って民主党が政権をとった二〇〇九年夏、副総理だった菅氏は、喜納昌吉参議院議員（当時）に「沖縄のことよろしく」と言われ、「沖縄問題は重くてどうしようもない。基地問題はどうにもならない。もうタッチしたくない」「もう沖縄は独立したほうがいいよ」と答えたそうだ（喜納昌吉『沖縄の自己決定権』未來社、二〇一〇年、一九四頁）。菅氏はその後、首相になって、その発言につき否定した。そして沖縄にやって来て、「辺野古移設がベター」と言った。

すなわち、「県外移設」の場合は「平和主義者」の日本人でも取り乱したり沈黙してやりすごしたりする。しかし、「独立」の場合だとそのような反応はあまりないのではないか。むしろ、日本人自ら沖縄人に勧める場合もある。すなわち、「県外移設」をはぐらかすものとして「琉球独立」を「悪用」しようとしているのではないか。

これは「県外移設」は（安保や基地に反対しようが賛成しようが）日本人（一般）に「不利益」をもたらし、「琉球独立」論はそうではない、と彼ら・彼女らがとらえているからではないだろうか。

すなわち、「県外移設」とは、沖縄に押しつけてきた在日米軍基地を自ら引き取って負担し、自己の主体性・責任で縮小・撤廃させる義務に日本人を直面させる。それによって、これまでのような「沖縄人を支援する」という優越的で気分的に楽な立場ではいられなくなる。したがって、「県外移設」を言う沖縄人は、もはや日本人にとって「(都合の)いい人」ではなくなる。不愉快で怖い厄介な存在となる。だから、そういう沖縄人に反発したり、拒絶したりするのではないか。

(3) 日本人にとっての「琉球独立論」

それに比べて、独立論については、日本人は次のようなものとして考えているのではないか。すなわち、「琉球独立論は楽だ」。

つまり、運動したり、たたかったりするのはあくまでも沖縄人である。自分(たち)ではない。失敗しても責任は沖縄人にある。日本人自らが問われたり、責任をとったりしなくていい。自分が変わらなくてもいい(知念ウシ「日本こそ沖縄から独立して」「耕論」「朝日新聞」二〇一〇年八月二十四日)。

「善意」の場合もある。長年、日本の平和運動や社会改良運動に携わっていたりして、日本を変えることに力不足、無力感を感じている日本人の場合、自分たちに何か期待してもどうせ効果は上げられないので、沖縄人が運動のやり方を変えたほうがいい、という「アドヴァイス」なのである。しかし、これも結局は先段の指摘につながる。

また、どうせできない、と思っているから、怖くない。いつまでも「居酒屋独立論」だと思っている。これまでもそうだったのだから、これからもそうだろう、と思っている。

さらに、「在日米軍基地を持って出ていってくれるんだから、こんないい話はない」と思っている（知念ウシ『ウシがゆく』沖縄タイムス社、二〇一〇年、六〇頁）。

次に、「琉球独立論は楽しい」。

つまり、自分が他の沖縄人よりラディカルなことを言っているような気がして、優越感がもてる。また、夢や理想を味わうことができる。しかもそれに対して最終的に自分が責任をとらなくていい。

（4）では、どうすればいいのか

以上私が書いてきたことは、おそらくすでに真久田さんによって次のように指摘されているだろう。


ただ、同志、同胞、ウマンチュよ。ここでひとつだけ気をつけて欲しいことがある。ヤマトゥンチューと友達になるのはいいが、彼らを心から信用はするなよということだ。とくにわれらの民族自決・独立に同意、同調し、連帯するという好意的な優しい日本人、オキナワ大好きな日本人は、十分警戒しておかなければならない。

彼らは自分たちに不利、不利益になるようなことがあるとみるや、たちまち手のひらをかえし裏切りを行うだろう。過去一三〇年の歴史がそれを証明している。最近の民主党政権がそれを証明している。（前号六四頁上段）

そして真久田さんは、こう述べるのだ。

そしてたとえわれらが民族自決権を行使し、独立した後であっても日本の民族問題は依然として残るのだ。（同六四頁上段から下段）

ここで、先に私が真久田さんへの疑問として立てたことへと戻る。すなわち、「では、私たちはどうすればいいのか」。

真久田さんは右の文章に続けて、次のように書いている。

だから、われらは常に世界の少数民族の自決権を政治綱領として掲げるが、それには抑圧民族の偽善と臆病とを特別に考慮にいれておかなければならないのだ。

このことに十分配慮するならば、われらの勝利は、世界の少数民族により完全に保証されるであろう。（同六四頁下段）

では、その「特別に配慮」「十分配慮」とは、何なのか。具体的場面において、私たちがどういう振舞いをとることを、提案しているのか。

4　日本人に「言う」ということ

（1）沖縄人にとっての意義

先述したとおり、真久田さんは「そもそも、ヤマトゥンチューを相手に何か文句や抗議を言うこと自体がまったく無駄であり、徒労にすぎない」（同六九頁上段）と言う。

確かに、こちらの言い分を日本人にわかってもらう、認めてもらうために果てしなく努力する、というのは、日本人が決定権をもつことを認め、日本人との支配・従属関係にはまってしまう危険性がある。そのことに自分の時間や労力を使うのは、真久田さんのいうとおり、「徒労」である。これは沖縄人が「言わさせられている」のだ。

しかし、だからといって、日本人に何をいっても通じないから無駄、というのも、結局は価値や効果を日本人が決定・支配している、とする日本人中心主義にならないだろうか。

私が言いたいのは、沖縄人が日本人に「物言う」ことは、日本人がどう反応しようが、沖縄人にとっての価値・効果がある、ということである。

私は、植民地主義から解放されるためには、植民者に対して「物言う」ことが一つの不可欠な実践だと思う。

現在の具体的状況のなかで、一つの重要な例をあげれば、それは「県外移設」の主張を日本人にするということだ（同時に、日本人のみならず、アメリカ人や他の外国人に対しても、この主張が浮彫りにする問題のメカニズムを暴いて見せ、私たちの利益を主張できることが必要だ。しかし、沖縄人にとって日本人に主張することが最も難しい。だから実践する意味も大きい）。

そもそも「県外移設」が実現する前に、沖縄が「日本国から分離独立」（同六四頁上段）したとしても、日米安保条約に基づき、在日米軍基地の沖縄に置かれた分と日本軍基地は日本に引き取らせなければならない。そうであるなら、いまのうちから主張しておいたほうがいいのではないか。交渉力は一日では身につかない。

沖縄人の「県外移設」の主張とは、「お願い」「請願」「懇願」「説得」ではない。日本人のために「（都合の）いい人」として犠牲になること、「共犯者」を引き受けることを拒否し、アジアの植民地化の歴史の文脈において、沖縄人が脱植民地を宣言することなのである。

「県外移設」を言うと日本人との間に摩擦が生じる。その日本人との「連帯」を優先する沖縄人からも激しい反発にあう。それによって沖縄人は動揺し、恐怖を感じさせられることもある。だから、勇気が必要だ。日本人に言うことは、そう言える自分をつくることだ。

沖縄人は近代以来、日本によって国を滅ぼされ、歴史的にも文化的にも、そして第二次世界大戦では、日米によって生物的にも集団としてジェノサイドを受けた。そしてその「強制集団死」の「軍命」はいまも続いている（『ウシがゆく』一八五頁）。

日本人はこのように沖縄人に恐怖を与えてきた。沖縄人はその恐怖の下一〇〇年以上にわたり、日本人同化政策を受けてきた。「同化」とは「日本人と同じになる」ことではない。支配者・植民者日本人の沖縄人に要求する人間像を内面化することである。いまも社会のあらゆるところに、その政策が機能している。それに呑み込まれた方が楽だと誘惑されることも多い。沖縄人が自己の生存を守るため日本人に慎重になるのは当然だ。しかし、それが必要以上に自分を縛るものになると、それが生存自体を脅かすことになる。

そのような歴史状況において、日本人に「県外移設」を言うようになるということは、精神の植民地化を脱した琉球人になるということである。

日本人とのあいだの緊張において、自分が日本人にとって厄介な人になったことを意識し、自分のなかの恐怖を認め、それを乗り越えようとすれば、これまで日本人の期待する「(都合の)いい人」になっていた自分に気がつくだろう。自分の価値や存在証明が日本人の評価にかかっていたことが、知性のうえばかりではなく、身体感覚としてわかるだろう。

日本人と沖縄人の利益が対立している現実が見えてくるだろう。自分が差別されていることを認めるのは苦しいことだが、それでも、日本の平和主義の名においても、差別されている沖縄人の立場に直面するだろう。

そうして、それは自分だけではないことに気づくだろう。同じ運命を無理矢理甘受させられてきた、これからもさせられようとしている、自分と同じ立場の人の存在に気がつくだろう。「ワッター(私たち)」という認識の意味を確認するだろう。「ワッター(私たち)の利益」という概念、意識の意義を知るだろう。

そんなこと、とっくにわかっている、と言う人もいるかもしれない。しかし、この効果は生身の日本人を目の前にして、表情を観察しつつ、緊張する空気の震えも感じながら、呼吸もともに、やりとりする過程で身につけられるものではないだろうか。そしてそれを他の沖縄人に見せながらやることが重要だ。それが他の沖縄人への問いかけ、激励にもなるからだ。

このような具体的場面での交渉で、「日本人の傾向」についての資料が収集でき、「対策」が立てられる。そのうえで、沖縄人同士でそれを共有することで、実戦能力を格段に向上させることができる。

そうなれば、例えば、「県外移転」後の跡地に日本の自衛隊や大企業が入ろうとしても、このような自覚、問題意識、権利主張の力が沖縄社会に充満していれば、それに対しても、「ワッターの利益」を主張できるのではないか。また、対抗して何かをやるだけでなく、「ワッターの利益」を展開するさまざまなヴィジョンをつくりだせる力になるのではないか。

もちろん、これは自動的に起こるのではない。そのプロセスにおいて、激しくナンギな議論、働きかけを経ていかなければならないだろう。しかし「県外移設」の主張により鍛えられた体力がそのプロセスに耐えさせ、さらに深め発展させる可能性を、少なくとも、現状よりはもちうるのではないか。そして「ワッター」の属すべき政治システム、団体の選択・創造に関しても、そうだとは言えないだろうか。

先に真久田さんから批判を受けた、シンポジウムでの私の発言は、このような動態的メカニズムをイメージしたうえでのものだった。

るかもしれない。

（２）「言わない」ことは不自然で不健康

しかし、これらを、私が日本人を気にし過ぎだ、日本人同化主義の表われだ、と批判する人もい

私は現代沖縄に育てられた、特に「日本復帰」直後の学校で日本国民化教育をバリバリに受けた人間だ。私のなかに日本人同化が入っているのは当然だ。

それに、昨今の日本人の「沖縄ブーム」「移住ブーム」で日本人はたくさん身の回りにいる。そもそも「分離独立」しようがしまいが、日本は近く、日本人は近づいてくる。

この状態で、「日本人が気にならない」と同時に「自分のなかの日本人が気にならない」というのは、かえって日本人を意識していなければできないことのように思われる。

まして、言っても無駄だと、日本人になにも言わないのは、かえって不自然である。もし、日本人が沖縄人を侮辱したり差別したり、植民者として搾取をむさぼっているのを目の当たりにしたら、その日本人に何も言わない、働きかけないのなら、それはきわめて不自然なことだし、被害を受けている他の沖縄人のみならず自分の健康にもよくないだろう。文句や抗議に限らずなにか言いたくなるのが、人間の尊厳を守る自然で当たり前のことだ。逆にそうしないためには、自分を抑圧するなど、相当な「努力」が必要なのではないか。

（３）「友達」とは何か

真久田さんは言う。

ヤマトンチューと友達になるのはいいが、彼らを心から信用はするなよ。（前号六四頁上段）

では、「友達」とは何なのか。知り合いぐらいの意味なのか。真久田さんから見て「信用」できない日本人を「友達」にしている「同志、同胞、ウマンチュ」（同）を心配して呼びかけているのか。（気恥ずかしいが、あらためて書けば）「友達」とは「信用」できる人のことではないだろうか。「信用」とは、ときには激しい、苦しい話し合いも含めて、その相手とのやりとりを通してのみ構築される。

私は特に、「何々人」と友達になりたい、とか、なりたくない、とかはない。日本人であろうとなかろうと、縁があって出会った誰かが、互いに認めあい尊重・尊敬しあえる大事な間柄となれば、それが「友達」だろう。ならば、「言う」ことは不可欠ではないのか。

（4）建て前の効果

しかしそれでも、いくら言っても日本人を変えることはできないから、言うのは無駄だと考えるかもしれない。これについては、最近の、米国務省日本部長を解任された元沖縄総領事のケビン・メア氏の差別発言騒動から考えてみよう（本書一四二頁以下も参照）。

メア氏の沖縄人への差別発言が明らかになり、沖縄内部から抗議の声が激しく上がり、県議会や各市町村議会でも抗議や更迭を求める議決が相次いだ。すると、駐日米大使が沖縄県庁に飛んできて、遺憾の意を表明し謝罪し、メア氏の更迭を発表した。メア氏はその後起きた東北大震災の援助における日米の調整役に就任したが、その後、米国務省を退職した。

メア氏自身はいまでも自分の発言について釈明も謝罪も反省もしていない。逆に「捏造」だと主張しているぐらいである。まさに、「言ったって、通じやしない」例だろう。では、抗議しなかったら、どうなっていただろうか。メア氏は要職に残り、アメリカの沖縄政策に大きな影響力を行使していただろう。

沖縄の抗議が力をもったのは、沖縄自体の変化をアメリカは感じ取り、もはや、日本がおさえることができなくなっていると判断して、今後の基地政策を維持するために、自ら迅速に事態収拾に動いたのだろう。

その背景として、アメリカ国内や世界各地で声を上げ、差別とたたかってきた人々が、「メア氏のような考え方は差別であり、いけないことだ」という常識を勝ち取ってきたことがある。それとつながって、沖縄人の抗議は成果をあげた。メア氏や日米両政府の人々の内心の問題ではなく、「差別は許されない」という建て前が構築されてきたことが、力となったのだ(もちろん、沖縄に基地はまだあるし、世界じゅうに「許されている」差別がまだまだたくさんあるのだから、これは「小さな」成果でしかないが)。

5　語ってほしい

何年か前、仲里効さんが主催した「沖縄の自己決定権を考える」シンポジウムで私はパネリストの一人を務めた。そこで、私は「沖縄の自己決定権の主体は沖縄人でなくてはならない」ということを強調していた。すると、六〇代ぐらいの男性にフロアから「そんなことは三〇年前にわかっている。知りたいのは、その次の議論だ」と言われた。そのときに私はこう思った。「だったら、どうして、それを私たちの目の前に置いていていてはくれなかったのか」

先にも書いた通り、私は「日本復帰」直後の沖縄社会で育てられた人間だ。「日本人になりたくて」ヤマトゥに行って、そういう自分とは何かを考え出した。一人でフランツ・ファノンなどを読みながら、自分とつながり自分を表現する言葉を探した。そうするなかで、同じことを求める同世代の沖縄人の仲間と出会った。彼ら・彼女らといっしょに言葉を紡ぐ作業をし、発していって初めて、沖縄の各世代からそれに応えてくれる人々と出会えるようになった。そうやって、「沖縄人」という主体を発見し、そういう自分を育ててきた。

それが「三〇年前にわかってい」たことなら、なぜ、私や仲間たちが孤独のうちに作業をしなければならなかったのか。なぜ、私たちがそんなことをしないでもいいように、私たちの目の前、すぐに手の届くところに、それを置いていてはくれなかったのか。

真久田さんは、日本人の民族差別意識、植民者意識をよく知っていながら、独立の機運が多数派にならない、沖縄の県民性・世論を『奴隷根性』とまではわたしは口が裂けても言わない。が、絶望的に哀しい」（前号五六頁上段）と言う。多くの沖縄人がまだ独立までは言い切れないのを、ご自分が活動した「三六年前の沖青同[★2]の議論からちっとも進んでいない」（同六〇頁上段）と嘆く。

私も真久田さんを「絶望的に哀し」くさせている一人だろう。私は「三六年前の沖青同の議論」を知らない。確かに、私の勉強不足だろう。しかし、どうして、大した「勉強」をしないでも自分の常識にできるように、私たちのそばにそれを置いておいてくれなかったのか。真久田さんはこの三六年間、そのために、何をし、何を達成し、何に挫折し、何に失敗したのか。その原因は何だったのか。次へと生かすために得た教訓とは何だったのか。そのことを教えて欲しいのだ。

本誌において前号から今号へ、真久田さんと私の議論のテーマの一つは、日本人にどう対応するかという「日本人問題」である。

沖縄は日米合作で支配されている。沖縄人は日米を同時に相手にしないといけない。そのなかで、日本人は日本語で私たちのチブル（頭）に入り込みコントロールしようとするより身近な存在だ。だから、真久田さんと私の真逆な主張は実は二人とも、日本人の存在に無関心ではいられない、という状況を反映している。「内なる日本人」「外なる日本人」から自由な沖縄人などいない。「あんなもの相手にしなければいい」と言って安全なところにいられるのは、きわめてまれな特権的沖縄人だろう。その問題を超越したと言うのなら、他の沖縄人もそれから解放されるように、そのやり方を具体的に伝授して欲しいのだ。

「内なる日本人」の存在を自覚したのは、いつか。どんないきさつだったのか。そのコントロールから脱するために、「自分自身」になるために、いったいどうしているのか。近づいてくる「外なる日本人」にはどうするのか。目が会ったとき、どういう態度をとればいいか。日本人に上から目線で見られたとき、それに巻き込まれず、どう自分の尊厳と、その日本人との対等性を保持するか。日本人に回収されない議論のコツとは何か。消耗しないようにどうすればいいか。怒りや悲しみ、いらだちからどんなふうに自分を守っているのか。他の沖縄人との絆を築くのにどうしてきたか。何を達成し、何がまだ課題で、その原因は何なのか。

これらが伝えられ蓄積されていけば、コンビニで「ちょっと足りないわよ」とレジ係に自分の釣り金を請求するぐらいの感覚でさらっと「県外移設」どころか、自分の利益・権利、そして独立の主張もできるようになるのではないか。それはアメリカに対しても、他の外国に対しても、そうではないか。

これらのことをお書きのものがあれば、ぜひ読ませて欲しい。まだお書きでないなら、ぜひ書いてほしい。

もちろん、これは真久田さんだけでなく、すべての先輩方に望むことである。先輩方が経てきた経験はすべて「ワッター」の宝なのだから。

6　最後に、日本人の読者へ

私たちが日本語で公けの空間で議論したのは、当然、同時に対象になっている「日本人」というポジションにいる人々への問いかけでもあるからだ。

私たちにどう応答するのか。

真久田さんと私のやりとりを自分を免責、棚上げにするものとして「誤用」「悪用」しないで欲しい。このような議論の当否、賛否を判断、決定、評価する、上位の立場だと勘違いしないで欲しい。「琉球弧の自立・独立論争誌」を読む者として、私たちだけに語らせ、自らは「権力的沈黙」（野村浩也）を行使するのか。私たちは見ている。

★1　真久田正（まくた・ただし＝詩人・作家、沖縄文化の杜取締役）。二〇一三年一月十七日午前五時ごろ、心不全のため那覇市首里末吉町の自宅で死去、六三歳。第二七回新沖縄文学賞、〇四年沖縄タイムス芸術選奨奨励賞（詩）を受賞。詩集に「真帆船のうむい」（『沖縄タイムス』二〇一三年一月十八日）。沖縄青年同盟の一員として国会爆竹事件やうちなーぐち裁判に取り組んだ（真久田正「沖縄の民族問題と独立論の地平――「沖青同の総括」を参考として――」http://www7b.biglobe.ne.jp/~whoyou/makutatadashi2004.html）。

★2　沖縄青年同盟の略。「在日沖縄人」との自覚をもつ沖縄出身の労働者、学生によって、沖縄の「日本復帰」前に東京で結成され、「国会爆竹事件」や「うちなーぐち裁判」を行なった。沖青同の三人は、一九七一年十月十九日沖縄返還協定についての「沖縄国会」中に、傍聴席で爆竹を鳴らし「全ての沖縄人は団結して決起せよ」と呼びかけるビラをまいて逮捕された。これは「日本人に沖縄の運命を決定する権利はない」「沖縄返還協定は欺瞞だ」という在日沖縄青年たちの非暴力による「復帰阻止」の実力行動だった（「国会爆竹事件」）。三人は建造物侵入と威力業務妨害の罪で起訴された。一九七二年二月十六日の初公判ではウチナーグチで陳述したため、裁判官が動揺し日本語で答えなさいと注意して法廷が混乱。「裁判所では、日本語を用いる」（裁判所法第七四条）との規定を逆手に、「（日米政府によって「復帰」させられる）沖縄は日本なのか」と問うた（「うちなーぐち裁判」）。（後田多敦「国会爆竹事件とうちなーぐち裁判」沖縄タイムス、二〇〇〇年九月三十日、『Voice of Okinawa』http://www.asahi-net.or.jp/~sv3a-sitd/okiseido.html）

「無意識の植民地主義」を意識化することから始めよう

——脱植民地化にむけて　沖縄からの実践報告と提案

一　沖縄は日本の植民地である

沖縄は日本の植民地である。現在、沖縄人は日本国民だが、他の日本人とは同じ扱いを受けていない。日本国民は日本人とそれに対して沖縄人、日本国は日本に対して沖縄と分けられている。その例として、日本の国土面積の〇・六％で人口比一％しか占めない沖縄県土に在日米軍基地の七四％が置かれていることがあげられる。このように、一地域を犠牲にして、国策である在日米軍基地の負担を負わせ、他の地域はそれによる被害、「敵国」の住民への直接の加害者性、反基地運動などの負担を免れている。沖縄県は確かに「法的」な植民地ではないが、このように植民地主義が行使されているのは植民地ではないのか。したがって、沖縄人は被植民者で、日本人は植民者の立場に立っていると言える。

歴史を振り返れば、沖縄はかつて日本と異なる琉球国であった。日本が近代国家となったときに、武力で併合された。そして「沖縄県」が置かれたが、台湾や朝鮮への植民地政策と連続体の土地政策や同化政策がとられた。「沖縄県」は内地ではなかった。

第二次世界大戦では、「日本本土防衛」のための時間稼ぎの最後の外地戦たる地上戦闘の場とされ、日米両軍に、沖縄住民の三分の一、四分の一ともいわれる人々が虐殺された。日本敗戦にともない米軍に占領され、サンフランシスコ講和条約で、日本の独立と引き換えに、沖縄は米占領下に「公的」に放置された。それに対する住民の抵抗運動は「日本復帰」へと結果した。しかし、それは「沖縄の施政権の米から日本への移管」「日本による琉球再併合」ではなかったか。現在でも、「内地」「内地人（ナイチャー）」と沖縄人が日本（人）と呼ぶときの呼称が存在しているが、この権力関係が依然続いていることを示している。基地問題はこの歴史の文脈でとらえられるべきである。

現在、沖縄から、米海兵隊普天間基地の県外移設、日本への引き取り要求が出ている。しかし、それに応え、具体的に引き取ろうとする動きは日本からはまだ出てきていない。

日本では、日本人の圧倒的多数の支持で安定的に、安保条約は維持されている。しかし日本人は基地の負担を引き受けようとはしない。

昨年（二〇一一年）は五五三万人の観光客が日本からやってきた。自分が必要と欲しながらも自分の近くに置いておきたくないものを集中的に押しつけているところへ、「好きだ」といって、たくさんの日本人が遊びに来る。これは『基地のある沖縄』が好きだ」という意味なのだろうか。

沖縄では基地問題に関わる者の多くが「〇・六に七四」という数字を口にする。平和運動に参加する者だけではなく、官僚や一般市民もである。これは先に説明した面積率と基地負担率のことであり、単なる基地反対の意味ではない。不平等の告発なのである。もし、たとえ、沖縄で安保支持が一〇〇%であっても、「〇・六に七四」は加重負担で不平等なのである。

成立している、あるいは覆せていない政策は、国民全体が平等に負担するものである。その政策に不満があるなら、負担しながらその政策を変える、良くするように努力することになる。「すべての国民は、法の下に平等」なのである（日本国憲法第一四条）。そうであるなら、在日米軍基地も平等に負担すべきであろう。沖縄の負担は〇・六%か一%か、四七分の一か、それとも六〇年以上負担したのだから〇か。基地負担がいやなら、日本人は、まずは引き取って、平等に負担したうえで、基地をなくしていくか、引き取りながら、なくしていくか、それしかないだろう。日米安保がなくなるまで米軍基地はどこに置くのか。沖縄にはもう置けない。

しかし、自らが沖縄に基地を押しつけていることを実感、自覚できる日本人は少ないかもしれない。押しつけているのは、日米両政府であって、自分ではない、と思っているだろう。これが、まさに「無意識の植民地主義」（野村浩也）なのである。しかし、それを意識化できれば、それをやめる第一歩となりうるだろう。

繰り返すが、沖縄の米軍基地の根拠は日米安保条約である。それを締結したのは、日本政府であり、それを認め、容認、覆せていないのは日本国民である。その九九%は日本人である。そもそも、一九六〇年の旧安保条約、一九七〇年の新安保条約締結時、沖縄はアメリカの占領下であり、沖縄人はそれについて意思表示できなかった。

また、押しつけているのはアメリカである、と思っている日本人もいるかもしれない。

そもそも、「押しつけ」と呼べるには、それへの「抵抗」があることが前提である。それを押し切ることが「押しつけ」なのである。では米軍基地押しつけに反対する抵抗が日本にあるだろうか。もちろん、長年頑張る少数の勢力はあるだろう。しかし、沖縄県でのように、各都道府県で、人口の一〇%が集まるような反対県民大会が開かれてきただろうか。人口の一〇%が集まる反対国民大会が開かれてきただろうか。反対の政策をもつ、政権を作り出してきただろうか。このような「抵抗」を押しつぶして、アメリカが押しつけてきた、といえるだろうか。沖縄人の立場からすれば、日米両政府は共犯して沖縄に基地を押しつけており、日本人はそれを積極的、消極的に支えてきた、と見える。

また、沖縄に軍事基地が集中しているのは、「地政学」、「地理的優位性」から仕方のないことだ、と思っている日本人もいるのかもしれない。

しかし、まず、「仕方がない」と思ってしまえること自体が、日本人の特権的立場を表わしている。沖縄人がそのように思うことは自分で自分の首をしめることになる。そもそも、「地政学」や「地理的優位性」などは、地球上の赤道などのように所与の自然の位置ではない。政治的な判断による戦略的なものである以上、日本人は自ら民主主義によって、否定、変更できる。

そのうえ、その「地政学」や「地理的優位性」なるもの自体が怪しいのである。現在、在沖米軍の中心的存在を占める海兵隊は沖縄戦直後からずっと沖縄にいるわけではない。当初は日本の岐阜県と山梨県等にあり、一九五〇年代に沖縄に移ってきた。当時、日本では反米軍基地闘争が盛んだったため、政権を維持し、安保を守るために、日米両政府が沖縄に移したようだ。そのさい「沖縄移転反対」の声は日本では起こらなかった。さらに沖縄の「日本復帰」前後に日本の米軍基地は沖縄の基地へと整理統合され、大幅に縮小され、沖縄の比率が上がっていった。普天間基地移転問題において、その初期から米政府は日本への移転を提案しているが、日本政府は断ってきている。現在、在沖米海兵隊を乗せる艦船は、長崎県佐世保にあり、在沖海兵隊員の戦地投入には佐世保からの艦船を待たねばならず、時間がかかる。また、アメリカの在沖海兵隊の一部をグアムやオーストラリアへ移す案へは、日頃、「地政学」や「地理的優位性」を根拠に在沖基地の必然性を説く者も特に反対してはいない。それはなぜなのか。

次に、沖縄は基地と引き換えの振興策によって、儲かっているからいいではないか、という日本人もいるだろう。それなら、六〇年以上の多大な基地負担で沖縄は日本国でも有数の金持ち県になっていそうなものだが、そうなってはいない。また、基地が儲かるなら、この不況時、誘致する他の都道府県が出てきそうなものである。逆に、基地がないと、沖縄人は生活に困るだろう、という日本人もいる。振興策で豊かというのと、基地なしでは困るほどの貧困という真逆なイメージが同時に存在している。実際の県経済に占める基地関係の収入は五％である。

また、沖縄人の基地反対の運動が足りないから沖縄から基地がなくならない、という日本人もいる。しかし、こんなにも長期間、県民大会を繰り返すような大規模に反基地運動が繰り広げられているところが、日本国のなかに他にあろうか。世界的にもあろうか。そのような沖縄人の声を無視してもいい日本政府を支えているのはいったい誰なのだろうか。

鳩山元首相が「最低でも県外」といって、米軍普天間基地の県外移設を公約し、初めて政策とした。これは彼が突飛なことをいったのではなく、選挙に当選したい民主党が沖縄の有権者の声に応えたのであり、民主的なことだった。そして、その首相と政策、公約を支持せず、つぶしたのは、他の政治家、官僚、マスコミのみならず、日本の一般国民、すなわち日本人であったのではないか。

ところで日本人に対して、基地の引き取り、平等負担を呼びかけていると、「沖縄はもう独立したほうがいい」と返されることが多い。この意味は何か。

まず、その呼びかけには答えたくない、ということなのだろう。自分が変わりたくないから、沖縄人にやり方を変えろ、といっているのではないか。

「善意」の場合もある。長年、日本の平和運動や社会改革運動に関わっていて、日本を良くすることに自分の力不足や無力感を感じている日本人の場合、自分たちに何かを求められてもどうせ応えられないから、沖縄人の運動のやり方を変えたほうが早いと「アドヴァイス」している。しかしこれも結局は、自分が変わるより、沖縄人に変わるようにいっていることになる。

また、露骨に「文句があるなら、日本から出ていけ、でもどうせできないだろう、だったら、あきらめろ」という脅しの場合もある。

逆に、他の人よりラディカルで寛容だとの優越感をもちながら、最終的に自分が責任をもたなくていい立場で、新しい独立国家をつくるという夢や理想を味わっていることもある。

また、沖縄が本気で独立を考えているのではないかと心配して、探っている場合も、最近は多い。

今後は、このように「基地は日本が引き取るべき」ということから話をはぐらかすように、沖縄のほうが日本国から独立するようにと、日本人から持ちかけられることが増えるだろう。しかし、独立については沖縄人が決めることであり、そして、独立しようがしまいが、沖縄に置かれている基地は日本が引き取らなければならない。

最近、開発段階から墜落を繰り返した、米軍の非常に危険な垂直離着陸輸送機MVオスプレイが、沖縄の普天間基地に配備され、日本でも低空飛行訓練をするといわれている。この事態を「本土の沖縄化」と呼ぶ日本人がいる。この場合の「沖縄化」とは、「基地化」や「基地による被害を受ける」という意味であろう。このようなネガティヴな状態を表現するのに、他の地域の名前を用いるとは、なんと厚かましいことだろう。しかも、沖縄をこのような状況にしたのは誰なのだ。「日本の沖縄化」といわれる場合の「沖縄」とは、「琉球を日本化」したもののことである。したがって、「日本の沖縄化」とは正しくは「日本の日本化」である。自らが沖縄に押しつけてきたものの一部が、自分のところに帰ってきている状態、Colonialism comes home なのである。しかも、それは六〇年以上長期にわたる沖縄の基地化とはさらに規模、密度、において比べものにもならないはずである。

二　被植民者として、脱植民地化の実践報告

日本人の植民地主義は日本人が自らやめない限りなくならない。しかし、沖縄人は、被植民者として、植民地主義に協力しない、共犯者にならない、そして、精神の脱植民地化によって、自分自

身を回復する努力をすることはできる。そのための実践を報告する。

（1）島開き口説《くどぅち》

私は「県外移設」を要求する、普天間基地周辺在住・在勤の女性たちでつくる「カマドゥー小たちの集い」とともに活動している。そこでは、基地問題も日本同化教育で奪われてきた琉球語シマクトゥバで議論するよう努めている。この島々に連綿と伝わってきた知識や世界観の蔵である言語で現在の問題をとらえることが重要だからである。そして以下の歌が生まれた。歌詞はみなで考え、曲は有名な古典の「上り口説《のぶいくどぅち》」を用いた。（注）

一、普天間《ふてぃま》ぬ空《すら》や　わったーむん　普天間《ふてぃま》ぬ大地やわったーむんどー　今《なま》やさ　揃《す》りてぃ　島開《びら》き（普天間の空、大地は私たちのもの。いまだ、いっしょに島を開こう）

二、今《なま》や金網、隔《ひだ》とーしが　しまぬ暮らしぬ　あいびたん　今《なま》やさ　揃《す》りてぃ　島開き（いまは金網が隔てているけど、村の暮らしがありました。いまだ、いっしょに島を開こう）

三、基地やあらん　しまどぅやる　宜野湾《じのん》　神山《かんじゃん》　新城《あらぐしく》　佐真下《さましちゃ》　中原《なかばる》　やいびーん（基地ではなく、宜野湾　神山　新城　佐真下　中原の村なんです――地域の名　著者注）

四、哀り　戦や　終《う》わたしが　懐《なち》かししまや　基地に取《とぅ》らり　金網側《すば》に　暮らちょーいびーん（つらい戦争は終わったけど、懐かしい村は基地に取られ、金網の側に暮らしています）

五、忘《わし》てーうらんさ　しまぬくとぅ　忘《わし》りらりーみ　しまぬくとぅ　子孫《くゎんまが》んかい　知らしみら

（ふるさとのことは忘れていない、忘れられない。子や孫に教えよう）

六、戦やならん　教《うし》え守《まむ》てぃ　闘てぃちゃーびーたん　基地反対　やしが　くぬ基地や　誰《た》ーむんやが（戦争はダメだとの教えを守り、基地に反対してきたけれど、この基地いったい誰のもの？）

七、憲法　求《もとぅ》みてぃ　復帰しちゃしが　安保押《う》しちきらってぃ　七四%　重《うぶ》さぬ長さぬ　かたみららん（憲法を求めて復帰したけど、安保を押しつけられて、七四%。重くて長くて担えません）

八、基地《きちぇー》引き取《とぅ》りよー　日本人《やまとぅんちゅー》　いったーむんやさ　くぬ基地や　どぅーくるさーに　かたみりよー（基地は引き取りなさい、日本人。あなたたちのものだよ、この基地は。自分でなんとかしなさいよ）

九、まんがたみ　すなよーやー　若者《わかむぬ》ちゃー　心配《しわ》や　すなよー　童《わらびん》ちゃー　沖縄《うちなー》の力　信じりよ（若者たちよ、自分のせいだと抱え込まないで。子どもたちよ、心配しないで。沖縄の力を信じなさい）

十、沖縄《うちなー》ぬ空《すら》や　わったーむん　沖縄《うちなー》ぬ大地や　わったーむんどー　今《なま》やさ　揃《す》りとぉてぃ　島開き（沖縄の空、大地は私たちのもの。いまだ、みんなで力を合わせ、島を開こう）

（2）基地押しつけと脱出のロールプレイ

日本が沖縄に基地を押しつけ、沖縄人に依存している状況を観念的だけではなく、身体感覚としても理解分析し、それにNOといえる力を発揮するため、以下のようなロールプレイのワークショップをやっている。

①まず、六〜七人が一つのグループになる。真ん中の沖縄役の一人の手や足や肩に日本役の他のみ

んながぶら下がってみる。
②沖縄役の人の感想は「きつい、痛い、倒れそうで怖い」。日本役の人々の感想は「ぶら下がるのにも力がいる」。
③次に、日本役がわざわざぶら下がるのではなく、寄りかかる。沖縄役の人を交替して、他は全員で立ったまま、座ったまま、寄りかかる。「沖縄もっとがんばれ！」と言ってみる人もいた（私たちは日本人によくそう言われるので）。
④日本役の感想は「楽ちん。特に間に人を置いて寄りかかっていると沖縄のことを全然意識しない」。沖縄役の感想は「息苦しい。怖い。そこから出たい。がんばれといわれて腹が立つ」。
⑤ここからどうやったら抜け出せるか。「一人じゃなくて誰かいっしょだとできるかも」ということで、次は二人組で沖縄役をやった。すると、この二人はいっしょに作戦を立て、声を掛け合いながら、寄りかかられている中心から抜け出した。
⑥次にこれを参加者全員（およそ二〇人）で役を交代しながら、やってみた。終わってからの感想は以下の通り。「いまの状況を体で感じられてよかった」「状況には必ず隙ができる。そこをねらえばいい。いまがその隙だ」「沖縄人がスクラムを組んでシマクトゥバで大声を出せば、相手はひるむからそれがチャンス」。
⑦反省点として、「自分たちがそこから逃げ出すというのはおかしい」「植民者をどかさないといけない。そのためにはどうするか」ということがあがった。（『うないフェスティバル2011　事業報告書』那覇市女性センターより）

三　提案――植民者の脱植民地化　植民者をやめるために

日本人は植民者をやめるためにはどうするべきか。日本人が植民地主義をやめるには、沖縄からまず、基地を引き取るしかない。沖縄から基地を引き取るのは「日本人としての責任」(高橋哲哉)なのである。

そのために、まず、自分たちが基地を押しつけていることに気がつかなければならない。本稿前半において、私が記述した沖縄への基地押しつけについての日本人の「無意識の植民地主義」について、さまざまな反発や困惑などの感情が湧いてきただろう。それを話し合ってみるのもいいだろう。そして、ぜひ、私が先に紹介したロールプレイをかわるがわるやってみることをお勧めする。その場合、自分はどの位置にどんな身体感覚、感情でいるのかに、気がついてみることが大切だ。

日本人の植民地主義をやめさせることができるのは、日本人だけだ。日本人はなによりもみずからの脱植民者化に取り組まなくてはならない。沖縄に移住したり、被植民者の共同体に入り込み、その脱植民地化の試みを「応援」「指導」しようとしてはならない。「植民地主義者はしまいには『私があなた方に植民地から解放される方法を教えてあげよう』という」(アシス・ナンディ)からだ。そして、植民者の植民地への「移住」とは、「安易さが欲しいからなのだ」(アルベール・メンミ)。そして、「沖縄ストーカー」(野村浩也)となってはならない。それは、マルコムXの白人分析からの概念だ。すなわち、黒人組織に参加したがり、黒人につきまとう白人は、自分が「黒人といっしょ」と「証明」し、自分の良心の痛みを癒すことを目的とする逃避主義者ではないか、とマルコムXは分析するのだ。これと似たようなことを日本人は沖縄人にしていないだろうか。

自らの場で自らの脱植民地化に取り組むことによってはじめて、沖縄人と日本人は東アジアの片隅で、出会い直せるのかもしれない。

参考文献
アルベール・メンミ『植民地　その心理的風土』明石書店、一九五九年。

野村浩也『無意識の植民地主義　日本人の米軍基地と沖縄人』御茶の水書房、二〇〇五年。

屋良朝博『砂上の同盟　米軍再編が明かすウソ』沖縄タイムス社、二〇〇九年。

知念ウシ『ウシがゆく　植民地主義を探検し、私を探す旅』沖縄タイムス社、二〇一〇年。

高橋哲哉・知念ウシ対談「復帰と呼ばないで」朝日新聞、二〇一二年五月十五日。

注　その後、コザの伝説的ロックバンド、コンディション・グリーンの元ベーシスト外間永二さん作曲によるヴァージョンもできた。

わたしの天皇体験

「ほらほら二人とも、もういい加減に起きなさい。天皇さん亡くなったから、今日は証券取引所お休みだってさっきお兄ちゃんから電話があったわよ」

一九八九年一月七日、朝、友人のお母さんがわたしたちを起こしに来てくれた。冬休みを利用してわたしは友人の郷里に遊びに来ていたのだ。その声でわたしは飛び起きた。

「ついにその日が始まったか」

少し興奮気味に、また、ちらっとそれと証券取引所との結びつきに違和感を覚えながら、パジャマのまま居間のテレビの前にバタバタと出ていった。

病状の展開にともなう一連の騒動から、当日はなにか世の中がまったく変わってしまうようなとてつもなく大きな、そして恐ろしいことが起こるような気がしていた。例えば、二・二六事件のように軍人（武器を持っている人）が天皇制批判の発言をしている人びとの家を襲撃し、殺してしまうとか。また、関東大震災のとき多くの朝鮮人が殺されたように非「日本人」、非「国民」と目された人びと、あるいは記帳に行かなかった人たち（徴兵制がしかれたら記帳していない者から真っ先にひっぱられる、という噂は本当にあった）が日本刀で切り殺されるとか。とにかく、このようなすごく怖いことが起こるような気がしていた。だから、

「ああ、とうとう始まってしまったか」

と胸騒ぎを覚えてテレビを見つめていた。

しかし、そこには黒いネクタイをした松平さん（NHKのアナウンサー）がいて、たんたんと番組を進行していた。それを見ているうちに興奮はすうっとひいていき、かわって

「なるほどね、この日のシナリオはこういうふうになっていたのか。ふーん」

としらけてきてしまった。わたしの妙な胸騒ぎのかわりにそこにあったものは、放送局、出演者のやっと解禁になった番組の生放送をミスのないようにしようとする緊張感と、準備に時間をかけたイヴェントをついに開幕することになり、ワクワクしているさまだった。何が何だかはっきりしないままお祭りが始まったようだった。日本全国巻き込んでみんなで〈はだかの王さま〉をしているようにも見えた。

目に見える暴力の形による大きな変化が起こるのではという予想は見事にはずれた。事態は一見、平和に穏やかに、そして確実に進行していた。その様子に、この日にどう対処しようかと緊張していた体の力が抜けていった。

その後、正午すこし前から友人とともに外出した。美術館めぐりをして、夕食をポリネシアン・レストランでとり、その後ディスコへ行った。レストランでは常設のスコールの音響効果が「本日は中止」という以外、特に変わったことはなかった。ディスコもいつもどおりの華やかさで、踊り

にくいほど混んでいた。

天皇が死去した日について、わたしはもっと自分が積極的に反応すると思っていた。世の中の様子に疑問をもったり、怒ったりすると思っていた。しかし、実際は案外に無関心でおとなしくしていた。

「どうでもいいや、考えるのは面倒くさい」

と思うこともあった。もうすっかり既成事実化してしまった天皇制に抵抗しようとしてもどうしようもないという無力感もあった。また、それと対決しようと意気込むことや考えようとすることすら、それに呑み込まれているということなのではないかとも思った。それでわざと無関心でいようとした。無視して、何もないかのように、あくまでもいつもどおりでいようとした。

この日、わたしが体験したのはなにやら仰々しい〈天皇や天皇制度〉と直接関わるものというより、もっと身近なことであった。それは何か。いっしょにいた友人との間の気まずさである。互いにどことなくよそよそしく、居心地が悪かった。彼女とは二年来のつきあいで、同じゼミで学ぶ仲間であり、信頼する友人の一人のはずだった。それなのになぜなのだろうか。また、その気まずさとは何であろうか。

もちろん、二人の性格上の問題もあるだろう。しかし、もしかしたら、彼女が大和人（ヤマトゥンチュ）でわたしが沖縄人（ウチナーンチュ）であるということが大きな原因だったかもしれない。実は、わたしはこの日を大和（ヤマトゥ＝日本本土）で迎えたことを利用して、ここの様子と大和人たちの反応を観察してみようとも思っていたのだ。だから、一歩引いたちょっと冷ややかな態度で友人にも接していたのかもしれない。そして彼女もそれに気がついていたのかもしれない。

友人はディスコに行ったことを後悔していた。特に「歌舞音曲は慎むこと」に反抗するつもりだったわけでもなく、ただ普段どおり踊りたくなったから踊りに行ったまで、としながらも、「こういう日に行ったのはやはりよくなかった。親に知られても怒られるだろうから絶対に内緒にしてほしい」と言った。また、友人はこのことがばれると就職の内定も取り消されるのではないかと心配した。さらに、郷里は保守的な土地柄なので「もしディスコで写真がとられていてそれが公表されたら、わたしはもうここでは暮らしていけない」と真っ青な顔をしていた。それをわたしは「やっぱり大和人は天皇制から解き放されていないからこんなふうに悩むのだろうか」と思いながら見ていた。

七日の午前一〇時ごろ友人のお父さんが弔旗を出すようにと会社から電話してきた。わたしはそもそも家庭に日の丸があるという事実に驚いた。目の前で自分の友人が箱の中から折り畳んだ旗を取り出し、広げているのはとても奇妙な光景だった。それまでその旗はいわゆる「えらい人」が掲揚する、あるいはさせるという「権力」の匂いがつきまとうイメージだった。そのためそれが生活、家のなかに存在するなんて思いもよらなかった。自分の知人がそれを手にしている場面など想像だにしたことがなかった。しかし、わたしはこのように驚きながらも無表情を装いその様子を見ていた。友人はとてもやりにくそうだった。自分と旗を見つめる沖縄人の目を意識していたのかもしれない。

友人はこの日とても動揺しているよう見えた。無口になったり饒舌になったりした。彼女自身、日頃口にしていることと実際の行動のギャップ、大和人としての自分に気がつき、ショックを受け、うろたえていたのかもしれない。一人だけでいるならそのことに気がつかないふりもできただろうが、わたしが隣りにいることでそれを意識させられ続けることになったのかもしれない。だから、わたしに対して気まずく、よそよそしくなったのではないか。友人がほんとうにそんなことを思ったかどうかは知らないが、わたしにはそう思えた。

このこと、つまり友人が自分を大和人、わたしを沖縄人として意識して気まずくなったのではないか、と思ったということは、裏返せば、わたしがわたし自身を気にした、彼女を通して、あるいは彼女に「逆」投影しながらわたし自身を強く意識したということである。

正直なところ、わたしは自分だけが周囲からぽっかり浮かんだ空間のなかにいるように感じていた。わたしだけがちがうんだ。わたしだけがちがうんだ。沖縄人であるわたしは周りの人たちとは感じ方がちがうんだ。そんな思いにとらわれていた。

町じゅうにはためく日の丸。黒い服ばかりのショー・ウィンドウ。黒いテープで縁取った駅の案内表示板。そんななかをみんな平気そうに歩いている。本当に平気なんだろうか。なかにはそうでない人もいるけれど、たんにそれを表に出していないだけなのか。白地に赤丸のあの赤が血の色に見えてしまうのはわたしだけか。旗を出す家の人たち、旗を見ても平気そうに通り過ぎていく人たちにとってそれはなんともないものなのか。なんとなく怖いと感じてしまうことなんてないのだろうか。また、日の丸の向こうに浮かぶ天皇、皇室といったものが「これこそ正しい日本人のあり方！」という最高のモデルで、それが「正統的日本のあり方」という型をわたしたちに押しつけていると感じるのはわたしだけか。「正統」があるということはそれに当てはまらない「異端」があるということである。異端＝「正しくなく」て「下品」なもの、と貶められているような気がするのは大げさだろうか。

わたしだけなのか。こんなふうに感じてしまうのはわたしだけなのか。考えすぎか。異常なのか。わたしが沖縄人だからか。じゃあ、大和人たちにとって天皇、皇室とはどんな存在なのだろうか。神さまなのか。王さまなのか。信じているのか。文化なのか。彼らの生活の一部をなす当然のものだからなんのことはない普通の存在なのか。

なぜわたしはこんなことを思ってしまうのだろう。

日の丸の赤から血の色を連想するのは、沖縄戦の惨禍の歴史をもつからなのか。日の丸に強大な権力の匂いを嗅いでしまうのは、金網の向こう、広大な基地の中で、星条旗の隣で翻るその旗を見て育ったからなのか。皇室に日本文化の象徴というよりむしろ排他性を感じるのは、琉球処分以来もっともそれから遠い存在として猛烈な日本化（戦前は皇民化、戦後はいわゆる本土化）を要求され、また自らもそれを志向してきたものの、そうすればするだけ、「日本的ではない」沖縄と日本本土の距離を思い知らされてしまうからか。

わたしが「沖縄」だからか。わたしが「沖縄」だから、こんなふうに他の人たち（ここではつまり大和人たち）とは違った感じ方をするのか。

わたしは隣りにいる友人の表情の一つ一つを気にしていた。わたしに対する態度、反応を気にしていた。そしてそのたびに

「わたしはあなたとちがって普通の日本人なんだから、あまり変なことを大きな声で言わないでほしい。もし、他の人に聞かれてわたしまで変に思われたら困る」

「あなたは沖縄人だからそんなふうに思うかもしれないけれど、わたしは普通の日本人なんだから……」

という彼女の声が聞こえてくるような気がした。本当に友人がそんなことを考えたかどうかは知らないが、わたしは彼女がそう思っているように感じた。さらに、友人も含めて町じゅうの人びとに
「おまえは普通の日本人じゃないからそんなふうに思ってしまうんだ」

「沖縄の人間だからそれも仕方ないかもしれないが、大多数の普通の日本人はそんなことは思わないんだ」

と言われているような気がした。

　このような心理状態をあらためてふりかえってみたい。

　まずわかるのが、わたしの心のなかで沖縄人、大和人とはっきり区別して意識されていることである。そしてこの両者の関わりは、交流があるというよりむしろ断絶したものととらえられている。わたし自身が相互理解のために進んで歩み寄ろうともしていない。拒否感がある。

「どうせ大和人とは理解し合えない。彼らにはわたしたちを理解することはできないし、わたしだってそんな彼らを理解しようという気になれない」

と思っている。

　それはなぜか。大和人にたいする一つのイメージをもっているようなのだ。一言でそれを表わす

と、「歴史を知らない人」になる。なにもみんながみんな、沖縄のことに関心をもたなくてはならない、と叫ぶつもりはない。逆に、一地方の特異な体験だから、その他の人びとは知らなくても仕方がないというわけでもない。ただ、今があるのは過去の積み重ねという歴史があるからで、それに関わった人、それを受け継ぐ人みんなで振り返り、そこから得た教訓を共有することによって現在と未来を考えていけるのではないかと思う。また、歴史には光の部分も影の部分もあって、それぞれ関わってきた立場からはその見え方は異なるだろう。それだからこそ、さまざまな角度からいっしょに考えていくのが大切だと思う。しかし、大和人たちはあまりにも影の部分を知らなすぎるし、さまざまな立場から振り返って考えてみるということもできない。あっけらかんとして明るく、無邪気なんだけれど何も知らない。それだからかえって怖い。そうなると、大和人たちは、例えば、天皇制についても疑問をもつこともなく、その疑問やそこからの教訓を沖縄人と共有することもないだろう。したがって、彼らはわたしたちを理解することはできず、わたしたちも「なんで知らないの?」とびっくりしてあきれてしまう。そしてもう大和人には期待しないし、信じようという気もなくなる。

こういったイメージをもっているということに気がついた。大和人といってもいろんな人がいるのだろうが、わたしはみんな本質的にはそういう人なんだと思い込んでいた。

次にわかるのが、わたしが「普通の日本人」ということをとても気にしていることである。つまり「普通の日本人だったら〜だけど、わたしはそうではない」と常に意識しているのだ。ではその「普通の日本人」とはどういう人のことなのか。「あまり過去のことにこだわらないで、未来を明るく信じている人」というイメージが出てくる。言い換えると、「現在をつくり規定している過去、歴史から、自分のあり方について悩んだり考えたりすることのない人」である。ここで、「普通の日本人」と「大和人」のイメージが実は同じなのがわかる。「普通の日本人」とは「大和人」のことなのだ。

この人たちは、歴史的存在としての自らを思い悩み、苦しんだりしない。体のなかはぽっかりと空洞になっているような気がする。何を考えているのかわからない。何を目指しているのかわからない。全然わからないだけに、わたしは彼らがとても怖い。

このように彼らに対して拒否感、拒絶感をもちつつ、また彼らからの圧迫も感じ、そのため警戒心、恐怖心をもっている。それに加えて、同時に「普通の日本人」ではない自分に負い目を感じていることもわかる。〈日本〉は「普通の日本人」によって構成されている、あるいは、〈日本〉のメンバーとして要求されているのは「普通の日本人」であること、という気がしていたらしい。だから、わたしはそうではないためそこに入っていけない、という疎外感をもっていた。そして、わたしが「普通の日本人」ではない最大の理由であろう、沖縄人であるということを負としてとらえていた。いかに、沖縄人であることに誇りをもち、アイデンティティを確立しようとしても、〈日本〉から見ればやはりそれは負でしかないという思いが、心のどこかにあった。

どうして、わたしはそのように思ってしまったのだろうか。沖縄人としてプライドをもち、大和人に対して疑問を抱くのは、実は「大和人」「普通の日本人」になれない淋しさの裏返しなのか。また、マスコミを通してなされた、こうあるべき日本、日本人像（おそらくそれは「普通の日本人」と一致する）キャンペーンに呑み込まれてしまったのか。だから、そうではない自分に負い目をもったのか。

日本とは何だろう。マジョリティの仲間に入れないマイノリティの自分を淋しく思ったのか。日本人とは何だろう。どう定義するのだろう。いや、そもそもだれかが定義するものなのか。わたしはその日本、日本人という言葉があまり好きではない。それを聞くと自分自身がとても不安定な状態になってしまうのだ。なぜなら、それとわたしとは一致するものではなく、距離があり、それに近づこうとすればするほど疎外感に苦しみ、自己否定に陥りそうになるからだ。逆に、己れを守ろうとすればそれを拒否し攻撃的になる。常に用心していないといつのまにかそれに呑み込まれて自分を失ってしまいそうな恐怖を感じるのだ。それはわたしがわたしのままでいられなくなってしまう、という危機感を生じさせる。

これまで、直接的に天皇や天皇制に関わったという意識はまったくなかった。それはマスコミや歴史の本を通じて知るものだった。しかし、以上のことはまさしくわたしの身に迫り、己れの存在の危機を実感させた〈天皇体験〉だったといえよう。一月七日をふりかえり思うのは、わたしがわたしのままでのびのびとしていられる「日本」はないものだろうかということである。大和人の友達とも、お互いもっとリラックスして、自由で、正直で、リスペクトしあって、気楽につきあえるような「日本」。従来の日本ではないなにか別の「日本」。そんな「日本」にはなれないだろうか。

空洞の埋まる日

日本人作家、池澤夏樹

私にとって、「沖縄人」とは大切な言葉だ。もともとは日本人が「二流の日本人」「劣った人種」という意味で押しつけたものだ。しかし、その定義づけを沖縄人自らが、もがき苦しみながら、変えてきた。つまり、日本によって否定された沖縄の価値を取り返し、再生、再創造しようという決意と努力、かつ、沖縄社会に責任をもつ者として、沖縄内部のさまざまな差別や問題、たとえば、押しつけられた七五％の在日米軍基地を撤去できず、他地域での殺戮・破壊を許してしまっている責任、などを担おうという決意、を表わすものへ。そしてそれを実行するためには、日本の沖縄への暴力、沖縄と日本の歴史的な権力支配関係を告発することが必要不可欠だから、「沖縄人」という言葉にはそういう機能もある。このように重要な概念であり、歴史だ。

今年（二〇〇二年）一月、日本人の作家で沖縄在住の池澤夏樹氏が、沖縄人と日本人の立場の違いをあいまいにする発言をしているのを知った。

池澤氏は在住八年目の沖縄を「自分の土地」と呼び、沖縄から見える日本を批判する際の主語として「ぼくら」を用いた。私には「沖縄のぼくら」と読めるものだった。この発言は、9・11事件後、世界を席巻しようとする米国の武力に対抗するための言葉の重要性を自らの生き方と重なるものとして語る文脈においてなされた。[★1] したがって失言ではないだろう。私は違和感をもった。なぜなら、それは、先述したような「沖縄人」という言葉の意義を否定し、沖縄人を池澤氏と同じ日本人にしてしまうか、池澤氏が沖縄人になったふりをして、苦難を重ねてつくられてきた「沖縄人」というアイデンティティを「盗み」、自らの立場・責任をごまかすように聞こえるからだ。

こういう姿勢は実は、池澤氏だけの問題ではなく、一般の日本人や日本人知識人にもある。特に、「沖縄ブーム」で沖縄を一方的に好きだという「沖縄病患者」に多い。そのなかでも池澤氏は日本社会においてリベラルで優秀、意欲的な作家と評価され、また、近年は沖縄に住み、それを売りにしている節もある。そういうひとの発言の政治的効果は大きく見過ごせない。そう思って私は池澤氏の発言を批判する文章を書いて発表した。[★2]

その批判に対して周囲の沖縄人からは賛同の声が多かったけれど、激しい非難もあった。[★3]「賛成だけど書くべきではなかった。あれを読んだ日本人が傷ついて、沖縄の反基地運動に連帯しなくなったらどうするんだ」と怒る三十代の男性や、「賛成だけど、あんなことを書いてあなたの将来に傷がつかないかしら」と心配する五十代の女性もいた。私はあらためて、日本人や池澤氏が沖縄に対してもっている権力を感じたし、池澤氏に疑問をもつのがタブーになっているようなムードにも気がついた。そこで、ますます、池澤氏が沖縄についてどのように書いているのか気になり、手に入るものを何冊か読んでみることにした。本稿はその感想である。

「準日本人」とは誰か

最も印象的だったのは、池澤氏が沖縄以外の日本を「内地」と呼んでいることだ。確かに沖縄にはそういう呼称として、本土、ナイチ、ヤマトゥ、日本がある。選択は本人次第だが、言葉の意味・由来から厳密に使い分けることもある。私は日常会話では「ヤマトゥ」と呼ぶ。ウチナー（沖縄）とヤマトゥは地域や文化としては対等だと思っているから。しかし、現実にはそんなことはないので、実際の支配・抑圧関係をはっきりさせるために、文章では「日本」と書く。「ナイチ」という言葉は、琉球「処分」後、形式的には沖縄県にされたが、「植民地」ではないが本国でもない、すなわち外地とされた歴史の痕跡、そして現在も同様な扱いを受ける沖縄の位置を表わしている。しかし、自らそれを用いればその位置づけを承認したような気分になるので私は使わない。na-i-chiと発音しただけで、口の中が真っ黒な砂でいっぱいになる感じなのだ。また、人がいる場所はすべてその人にとって本土だと思うので、「本土」も使わない。

池澤氏はそもそも、「言葉はぼくにとっては商売道具だ。その質については相当な判断力をもっていると自負している。それなくしては作家という仕事はできない[★4]」と言っている。さらに、普通の沖縄人が生涯をおくるのに必要ではないほどの沖縄についての膨大な知識をもち、沖縄の知識人や文化人、政界、財界の人々とも知り合いだ。その呼称問題を知らないはずがない。そのうえでなぜ、「内地」を選択したのか。私の口の中を砂でいっぱいにさせ、かつ、現代日本語で死語になった「外地」を（わざわざ漢字で書くことでさらに強烈に）意識させる言葉をなぜ用いるのか。

するとこ氏のこういう文章に出会った。

北海道はある時期まで事実上の植民地だった（ぼくの祖先も明治の初期の入植者で、開拓するといえば土地がもらえる時代に日高に入った）。だから今もって北海道の中年から上の人たちは内地という言葉を使う。沖縄人もまたあちら側を内地とか本土と呼ぶ。どちらも一度も律令制の下に入ったことがない土地。正統日本史には登場せず、明治以降もなにかにつけて二級の国土とされてきた土地。この感覚がぼくにとってはずいぶん大事で、だから沖縄は幼い頃の北海道と同じように居心地がいいのだ。大袈裟に言えば、準日本人のような感覚。[★5]

なるほど。幼少期の思い出も重ねつつ、外地にいる快感を味わいながら、「内地」と言っているのか。

でも、ちょっと待って。この「準日本人」とは本当は誰のことなのだろうか。そう、日本によって「二級の国土」とされたのはアイヌモシリだし、琉球国。そして、一方的に「準日本人」にされ辛酸をなめさせられてきたのは、アイヌ民族であり、沖縄人だ。「準日本人」として「居心地がいい」経験をしたアイヌ民族や沖縄人などいないだろう。そして、池澤氏はまさしくアイヌ民族や沖縄人を「準日本人」にして利益を得てきた和人、日本人、ヤマトゥンチュではないか。たまたま末裔に生まれただけだ、と思っているかもしれないが、侵略・植民の遺産から恩恵を受ける社会のなかで社会化された者は、その責任を負わなくてはならない。また、いまなお形を変え自分は植民を続けているのではないかと疑うことも必要だ。

　池澤氏の文章からはそんなふうに自分を問う姿は読み取れない。「居心地がいい」のは、植民者・支配者として準日本人」に囲まれているからなのか。「純日本人」として「準日本人のような感覚」を楽しんでいるからなのか。

　次に、総じて池澤氏が沖縄の、特に歴史を描写するときのムードが気になった。たとえば、「大事なのは変容の主権を自分たちが持っていることである」と述べ、薩摩の琉球侵略、琉球処分、沖縄戦、米軍支配を記述し、池澤氏は続ける。「そういう事態にもかかわらず文化は残った。[★6]」「この数百年、特にこの数十年間、沖縄はよくやってきた。一歩も引かず、むしろ押し返してきた。[★7]」このように美化することでその歴史に対する自分の位置、つまり、日本人の責任や暴力性、それに連なり責任を負うものとしての自己が不問に付される。

　特に、「沖縄はよくやってきた」という言葉に私はなんだか、「神様」にほめられている気分になった。「ありがとう、認めてくれて」と涙ぐめばいいのだろうか。でも、これを言っているのが日本人だと思い出せば、ア然とする。

沖縄人とのディスコミュニケーション

それから、実は池澤氏は、沖縄人の言うことをちゃんと聞いていないのではないかと思うこともあった。次のようなちぐはぐなやりとりがあるからだ。

一九九六年から一九九八年にかけて、池澤氏は当時の大田昌秀沖縄県知事と対談した。その記録『沖縄からはじまるOUR OKINAWA』には興味深い場面がいくつかあるが、その一つはこうだ。

大田知事（当時）は在沖米軍基地問題と、それを支える「小は大の犠牲になっても構わない」という考え方に怒りを爆発させ、池澤氏に問いかける。

「（中略）結局、いったい沖縄は日米両国にとって何なのかということですね[★8]」

それに答えて池澤氏曰く、

「沖縄というのは日本が自分を相対化するためにいちばんいい鏡だと思うんです。ぼくはこちらに来まして、沖縄から見ると、日本という国の良さ悪さが本当によく見えるんですね。ちょっと離れていて、ちょっとちがうから、そのちがいがはっきりわかって、その意味では日本にとって沖縄があったのは実に良いことでないかと思うんです。[★9]」

鏡というのは道具だ。そして、鏡に映るのは自分。鏡自体は見えない。「私を犠牲にしているあなたとはいったい何なんですか」と怒る相手に「あなたは私を見るための道具です」と答えていることになる。

沖縄が日本を相対化するのは、沖縄が日本の犠牲になってきているからだ。そのことを問題にせずに、「日本にとって沖縄があったのは実に良いこと」と言ってしまうのは、なんだかんだ言っても日本全体の利益のために沖縄が犠牲になってきたのはよかった、ということなのだろうか（"OUR OKINAWA"とはそういう意味か?･)。

沖縄人は日本や世界がよく見えるからと沖縄を選んだわけではない。私はそんなもの見えなくても、ただ、安全で、平穏で、他地域の人びとを殺す立場にならずに生活したいだけだ。

二〇〇一年九月十一日の事件後始まった池澤氏のメールマガジンでは、沖縄の観光被害が取り上げられた。

「沖縄は危険か」について池澤氏は言う。

「ぼくは安全と考えて住んでいますが、彼ら（＝観光をキャンセルした日本人――筆者）は危険と考えた」[★10]

これに、沖縄人の宮里千里氏が返信メールを書く。

「県や県議会が安全宣言をしてみたところで、声を大にしての『沖縄は安全です、米軍基地は絶対安全です』とは言えない面があります。安全でないことは沖縄の人が一番知っていることであり、むなしさみたいなものを感じます。

仮に、沖縄が立ち直れるとしたら、もう一度、島中が考え行動した95年の気持ちに戻ることではないでしょうか。米軍基地がすぐ隣りにあることとはどういうことなのかなどです。（中略）少なくてもウチナーンチュはここでしっかりと考えてみる必要はあります[★11]」。

池澤氏は、宮里氏は友人であり、宮里氏の関わる那覇市の平和講座で平和論を話したこともあり、「従って、彼の考えはぼくの考えに最も近い。内地の人々の無理解を嘆くだけでなく、宮里氏の言うとおりまた一からやり直すしかないのだろう」★12とコメントする。

池澤氏は沖縄を「安全だと考えて」いて、宮里氏は「安全でないことは沖縄の人が一番知っている」と返信する。私には宮里氏は池澤氏に抗議しているようにも読めるのだが、それでも「彼の考えはぼくの考えに最も近い」のだろうか。また、長年平和行政に携わっていた宮里氏が自戒を込めて「ウチナーンチュはここでしっかりと考えてみる必要」がある、と言うとき、その意味は深く重い。しかし、池澤氏が宮里氏を引いて同様なことを言うとき、いったい誰が誰になぜそう言うのか、それを沖縄人以外にも読ませるのはなぜか、その政治的立場が問われなくてはならない。

雑誌「世界」（二〇〇二年五月号）の座談会で、池澤氏が、「僕は移住してからこれで八年の県民です。県民ではあるが、しかしイミグラント（移民）の一世です」と発言したところ、沖縄人の野村浩也氏に「イミグラント一世というより、コロン（植民者）一世かもしれないということも考えるべきでしょう」と指摘されている。★13これに対して池澤氏は「僕はイミグラントであってもコロンではありません」と反論する。★14

しかし、野村氏の指摘はもっともだ。沖縄では「移民」という言葉は次のような歴史的意味内容をもつ。つまり、琉球処分以来の日本の近代化政策でプロレタリア化した沖縄人が職を求めて日本各地、ハワイや南米、「南洋」などに移動した。第二次世界大戦後は米軍基地に土地を奪われ生活できなくなった人びとが島を離れた。移民先では過酷な労働条件、差別で苦しめられた。また、米兵と結婚して米国に渡った女性も多い。幸せに過ごしている人もいるだろうが、夫と不仲になったり、差別で苦労している人も多いと聞く。移民した当人やその子孫で、沖縄に帰りたがっている人も多いそうだ。でも、そう簡単には帰れない。移動して、生活を再スタートさせるだけの資金がない。帰っても仕事がない。言葉が十分ではない。差別がある。沖縄県政府が時々やる「世界のウチナーンチュ大会」というイベントには、成功者しか参加できない。したがって、政治的にも経済的にも文化的にも沖縄を支配している日本から、その権力を自分の身体に具現化させながらいつでも出て行ける選択肢を手に移動してくる人たちは、沖縄での「移民」の意味に合致しない。普通の沖縄人より沖縄史に詳しいはずの池澤氏がそれを知らないはずはない。しかも、池澤氏は那覇市に居を構えるとき、当時の那覇市長を保証人にしたそうだ。[★15] 移民先の市長を保証人にできた沖縄人はどれだけいただろうか。そんな池澤氏はなぜ自分を「コロン（植民者）一世かもしれない」と疑ってみたりさえしないのだろうか。

雑誌「潮」（二〇〇二年六月号）の座談会では、在沖米軍基地をめぐる日本人や日本政府の態度について、まず沖縄人の高良勉氏が「その背景には（中略）本土側の国民の無関心があると思います」、次に同じく沖縄人の名嘉睦稔氏が「日本国民は全体的に他人事のように思っていて、リアル感がないんじゃないでしょうか」と怒りを表明する。それに対して池澤氏は答える。

「建前としては申しわけないといって、実際には何もしない。一言でいえば偽善ですね。しかし、それを指摘してもどうしようもない。ぼくは政治の場で倫理を持ち出すことにいささか疲労感を覚えています。それでいい続けるけれども、所詮その程度の国なのだという気もする」[★16]

そういえば、池澤氏は前述の「世界」でも、「でも、基地は動かないでしょうね。（中略）一地域に押しつけて、それを忘れたふりをして五十数年、結局日本はその程度の国なのですよ」と発言して、野村氏に「『基地は動かないでしょうね』と日本人から言われても……。そういう日本をだれがつくってきたか……」と反論されている。[★17]

　まさしく、「こういうこと日本人に言われてもねー」である。「所詮その程度の国」に支配されて四百年の沖縄人は、「いささか」以上の「疲労感」をおぼえ続けているが、それでも他に生きる場所がないから闘うしかない。こんなことを沖縄人に聞かせ、また、日本人に読ませて池澤氏はどうしようというのだろうか。あきらめるように説いているのか。武装蜂起でも勧めているのか。もし、沖縄が武装蜂起したら、池澤氏にとって格好の文章の題材にはなるかもしれないが……。

　それに、私はこの発言に女性ならおなじみのこんな場面を思い出した。

　女性が何人か集まって女性差別に憤慨し、男性批判をしている。そこにたまたま一人男性が同席し黙って聞いている。あるいはときどきいっしょに批判するかもしれない。そして、彼は最後に言うのだ。

「男って所詮その程度なんだよ」

　男性を批判しているようでいて、実は弁解、擁護している発言。男性が女性にそう言うとき、それは「男とはそういうものだから、変えるのは不可能。受け入れなさい、あきらめなさい」になる。池澤氏の発言はこれに似ている感じがする。

空洞は埋まるのか

作家として言葉へのこだわりを自負し、リベラルで、博識で、数々の文学賞を受賞した池澤氏がこのように語ってしまうのはなぜなのだろうか。

私は、池澤氏が「自分はいったい何者なのか」を深く厳しく問うていないからではないか、と思う。だから沖縄人に向かってあんなことが言えてしまう。池澤氏の文章には社会や政治を的確に批判したものもたくさんある。しかし、その場合でも、沖縄人の私にはその核となる「自分は誰か」という部分がなにか空洞になっているように感じる。

池澤氏は日本に向けて熱心に沖縄の「価値」を宣伝してきた。沖縄の文化、歴史的・政治的経験の成果を日本が受け入れ、つまり、日本のものにすれば、閉塞した日本、日本人が再生できることを説く。[★18] これは沖縄ブームのなかで力をもち、沖縄へ押し寄せ文化を消費する日本人の行動を正当化する論拠になっていると思う。そして日本に否定され、抑圧されてきた沖縄人が、「日本に認められ、日本の中に居場所を見つけられる」この説に喜んでしまうのも当然だ。しかし、これが日本人としての己を問うことなしに語られ、実行されるとき……グロテスクだ。

日本人に否定された沖縄人がなんとか尊厳を取り戻そうと必死に努力してきた成果を、日本人がまたやって来て自分の利益のために取っていく。それが日本に受け入れられる方法だよ、と「弱み」につけこんで。

池澤氏も沖縄「移住」の理由を、沖縄文化を享受し、かつ、作家として国家論を書くための戦略としている。[★19] つまり、自分の利益のため、と認めている。

沖縄を日本の鏡というのなら、まず、それに映る自分の姿を見てほしい。

池澤氏は最近、次のような告白をした。

「昔は僕は、自分が日本人であることをあまり意識しないようにしてきたけれども、とくに沖縄に来てから、日本人であることを無理矢理目の前に突きつけられている気がする。日本人であることが、だんだん居心地悪くなってきます」[★20]

「自分は何かと、つねに考えざるをえない」[★21]

そうか、池澤氏が「日本人であることを無理矢理目の前に突きつけられ」「自分は何かと、つねに考えざるをえな」くなったのは、つい最近、沖縄に住むようになった九四年ぐらいからなのか。いいなー、と思う。私なんか、ずっと、しょっちゅうなのに。それまで「あまり意識しないようにして」これたことは、それこそ日本人であることの特権のひとつだ。

その「一九九四年以来」とは私がこれまで指摘してきた発言と重なる時期だ。うーむ、どうやら、思考の成果は残念ながらまだあまりあがっていないようだ。

いつの日か「空洞」は埋まるだろうか。そして、そうなったとき、池澤氏はそれまで書いてきたものの政治的責任をどうとるつもりなのだろうか。

私がこのようなことを書いてきたのは、池澤氏個人を非難・中傷するためではない。私が感じる空洞とは、残念ながら知識人を含めて、多くの日本人に感じるものだ。自分の空洞を指摘されるのは不快だし、痛いことだ。この文章を読んだ日本人のなかにも私に反発する人がいると思う。それでも、私は日本人が自己の空洞を埋めることを求める。埋まらない限り、日本人の沖縄への暴力は止まらず、「沖縄の問題」にされたものが解決することはないからだ。

この原稿がだいたい出来上がったある日、私は本屋でたまたま一冊の雑誌を手に取った。写真を主体とした、おしゃれでかっこいいと評判のその雑誌は9・11事件の特集を組んでいた。パラパラッとめくると池澤氏のインタビューが載っていた。9・11後の世界情勢や、それについて書くことの意義を雄弁に語っている。付いている写真もとてもかっこいい。このインタビューは次のように終わる。

――(中略)今のイギリスの文学だって、カズオ・イシグロもそうだけど、所謂イギリスから出て、周辺で俯瞰して見ている人が作品を提供している。だからそういう意味では、池澤さんが沖縄にいるということはメールマガジンの位相としても大きい役割だという感じはしますね。

池澤　全体の構図を見てとりやすい場所というものがあるでしょう。その意味で沖縄というのは、僕が意図して、確信犯として選んだ土地ですからね。★22

なんという冷酷な言葉なのだろうか。私はそう感じた。そして、沖縄の矛盾を背負わされて生きてきた祖父母や父母、友だち、顔も知らない米軍強姦事件の被害者たちの姿が目に浮かんだ。私たちの苦しみや悲しみは、この野心的な日本人作家の足場にされているのか。気がつくと、私の瞳からはただ、涙がこぼれていた。

★1　池澤夏樹・落合恵子「米国を抑え込む言葉の包囲網を」(「週刊金曜日」三九四号)

★2　知念ウシ「本のひろば⑩」(「週刊金曜日」四〇〇号)。その後、池澤氏は自分はヤマトゥンチュ(日本人)でウチナーンチュ(沖縄人)とは違うと発言するようになった。たとえば、池澤夏樹、C・ダグラス・ラミス、野村浩也「沖縄から有事を問う」(「世界」七〇一号/二〇〇二年五月)、池澤夏樹・高良勉・名嘉睦稔・又吉栄喜「沖縄を通して日本が見える、世界が見える」(「潮」五二〇号/二〇〇二年六月)。しかし、その理由、それまでは両者の違いを曖昧にしようとしてきたことへの言及はない。今度は「沖縄県民」という資格を強調するようになった。

★3　読者から、「沖縄人と日本人をことさらに区別」する意味はなく、「本来友人となるはずの人を遠ざけ、本当の敵を喜ばせるだけ」とする私への批判があった。小山真理子「池澤氏に対する知念氏の言葉に残念な思い」(「週刊金曜日」四〇四号)。池澤氏発言、私の批判、読者の私への批判をポストコロニアリズムの観点から分析した論文に、野村浩也「無意識の植民地主義と沖縄ストーカー」(「神奈川大学評論」四二号所収、二〇〇二年七月)がある。

★4　大田昌秀・池澤夏樹『沖縄からはじまる OUR OKINAWA』一三頁(集英社、一九九八年)

★5　池澤夏樹「誰か故郷を思わざる」一九九八年一月十六日(『むくどり通信　雌伏篇』三一二頁、朝日文庫、二〇〇一年、所収)

★6　池澤夏樹「沖縄人の肖像Ⅰ」一九九三年(『やさしいオキナワ』二一頁、PARCO出版、一九九七年、

所収）
★7　同前二二頁。
★8　同前一五〇頁。
★9　同前一五一頁。
★10　池澤夏樹『新世紀へようこそ』一〇〇頁（光文社、二〇〇二年）
★11　同前一〇五～一〇六頁。
★12　同前一〇六頁。
★13　同前九一～九二頁。
★14　同前一〇〇頁。
★15　池澤夏樹『むくどり通信　雄飛篇』五〇六頁（朝日文庫、二〇〇一年）。
★16　同前一〇〇頁。
★17　同前九三～九四頁。
★18　たとえば、前掲『やさしい沖縄』、池澤夏樹「沖縄は日本を救うか？」（『沖縄式風力発言　ふぇーぬしまじま講演集』ボーダーインク、一九九七年所収）、前掲『沖縄からはじまる OUR OKINAWA』など。
★19　前掲『やさしい沖縄』一八六頁、前掲『沖縄からはじまる OUR OKINAWA』八～九頁、など。
★20　前掲「世界」、九五頁。
★21　同前一〇一頁。
★22　「SWITCH」三一頁（スイッチ・パブリッシング、二〇〇二年一月号）

「人類館」は続いている

人類館事件を考える

皆さんこんにちは。知念《ちにん》ウシ《うしぃ》といいます。

今日はいまから百年前にあった人類館事件を考えるというテーマです。それまでの日本と他のアジアとの関係は、例えば朝鮮通信使がよく日本に、江戸に来ていたり、それから琉球が江戸立をしていたりしていました。朝鮮通信使に対して、日本は尊敬の気持ちがあったと言われていますし、琉球に対してもおもしろがるというか好奇心があったというような関係でした。それが「人類館」というものでどう変わったのでしょうか。

「人類館」は、自分たち以外の存在を野蛮だと見て、そのことによって自分たちは文明的だ、文明化されているというふうに見る。そういうふうに日本人を教育する場だったと思います。佐渡山さんの「人類館」についての歌のなかにもありますが、西洋列強の侵略というプレッシャーがアジアにかかったときに「福沢諭吉がロンドンで青い視線を浴びせられた」という歌詞のように西洋のプレッシャーを受けたなかで、受けている側が、そこからどういうように自分が這い上がっていくか、競争をさせられることになるわけです。

一九〇三年に大阪の「人類館」であったのは、そういうなかで日本側が他のアジアとか自分たちが植民地にしたところ、していくところを野蛮だと見て、自分たちは文明化されているんだというのを確認する。そのうえで自分たちは優位にいるし、そしてその他の野蛮だとみたところを文明化していく使命があると考えます。いいこと、文明化してあげる使命があるんだと考えることで植民地化していくことを正当化するという効果があったと思います。

「人類館事件」が起こったときに中国や朝鮮は、その他のところといっしょにするなという反応をします。中国、朝鮮、そして亡国となった琉球、そしてアイヌ。中国は亡国となった琉球とか侵略を受けていた朝鮮といっしょにするなと言うし、琉球はアイヌといっしょにするなと、どんどん下を作りながら、自分たちは少しでも上に這い上がっていく、という競争をするわけです。

その二年後の一九〇四年から五年にかけて、アメリカのカリフォルニアでは中国系の移民を排斥する法律ができて、運動もありました。それが日本系の移民も排斥するという運動に変わったときに、今度は日本人の方が中国といっしょにするな、自分たちは天照大御神の子孫である。神の子であるから同じ東洋人とは言えん。自分たちは違うんだと這い上がっていく競争をする。「人類館事件」は、そういう時代に起こったことなわけです。

そこでそういう沖縄人、展示された女性も私と同じ名前でウシ《うしぃ》さんですけれど、彼女たちに日本人が向けた、彼女たちを野蛮とみる眼差しのもう一つの問題は、沖縄人、琉球人が文明と野蛮の競争のなかで、他を野蛮と見て自分を上げていき、その眼差しの共犯者になる、なったということです。

沖縄ブームへのヤマトゥの眼差し

それから百年がたったわけですが、その問題は変わったのか、ということを考えてみたいと思います。私は日本人が沖縄を見る眼差し、その構造というのは変わっていないのではないかと思います。

私は十年から十五年ぐらい沖縄、東京を中心に、行ったり来たりしながらいろいろしていましたが、二〇〇〇年に沖縄に帰り生活を始めました。生活の拠点として住み始めて感じるのは、観光の問題、沖縄ブームの問題がとても大きいことです。

特に私は生まれ育った首里、那覇市に住んでいるから、まわりにいっぱい観光客が来ます。地元の人が普通に住んでいる空間に観光客がいっぱい入ってくる。しかも、それはただの観光客じゃなくて日本人なわけです。日本人だから悪いといっているわけではなくて、日本人は歴史的に沖縄を抑圧している側・立場です。現在も、沖縄に圧倒的な軍事基地を押しつけて「安泰」な生活を享受している。そういう立場の人が観光客として、大量にやってくるのです。

そして、その人たちは沖縄は優しいとか言う。「沖縄優しい」と言って喜んでいるんだったら、

「沖縄にも優しくしてほしい」と私は思うんです。

例えば、こんなに沖縄が好きって言っている人がいっぱいいるみたいなのに、なんで沖縄から基地がなくならないのかなあ。ちっとも動かない。とっても不思議でたまらないんです。「沖縄好き」と言って帰っていく人は、なんで国会に行って座り込みしてくれないのか。年間三百万から四百万人が来るという。その人たちが国会前で座り込みしてくれたら、あっという間に基地はなくなるのにって本当に思うんだけど、いっこうにその気配がなくって、このアンバランスとはいったい何なんだろう。それはとってもとっても不思議でたまらないわけです。

そして眼差しの問題です。ヤマトゥからの観光客がいっぱい「沖縄が好き」とか言って、沖縄に来て沖縄を見る。その問題です。

七年前に父が亡くなり、お墓に骨を入れる儀式がありました。ちょっと丘のほうにお墓があるんですけれど、そのときに観光客がやって来たんです。ビデオで撮影されました。

皆さんのなかでお墓を、お葬式を観光客にビデオに撮られたという方いらっしゃいますか。沖縄以外の他の地域でもあるのでしょうか。いやアイヌの方だったらあるかもしれません。これって何なんだろう。とっても知りたいところです、なぜそんなことをするのか、できるのか。

それで「やめてください」と言ったんです。でも、やめてくれませんでした。「やめて、やめて」と言って、ビデオを手で押さえたんです。そうすると、私の手からはずしてそれでも続けるんです。それでまた、私も手をよせて「やめてくださいね」と言ったら、今度は、ビデオは下ろすけどカメラを出して撮り始める。そして私のことは無視して隣りにいる叔父に

「あのお墓は何ですか。これはどうなっているんですか」とか、いろいろ質問をするんです。知りたいようなんです、とっても。「知る権利」があると思っているのでしょうか。

それから、私には小さい子どもがいるんですけれど、乳母車に乗せて私が子どもの頃から遊んでいる首里城の近くとかをのんびり散歩をしたりすると、観光客がやってきて「あーかわいい」と写真を撮られる。

みなさん、道行く観光客に写真を撮られた方はいますか。私は、観光に行っても、そこの人を、しかも正面から、許可もとらず撮影したことはありません。特にお葬式等は。

私や私の子ども、私の父の葬式の写真を持っている方はいますぐ返してほしいんです。どなたか心当たりのある方、あるいは見せられたことのある方は、是非ともネガごと返してほしいです。

また、沖縄戦について知りたいということも実は観光のなかに入っているようです。

「沖縄戦について話してくれる、『おじい』とか『おばあ』を紹介してください」

と観光案内所で言うように気軽に言う人が増えているらしいんです。

「あなた、本当にそんな簡単に『話して』って言われて話せるもんじゃないし。そのお年寄りたちは話したことで、一ヶ月眠れないかもしれない。それでも聞きたいわけ?」

と言うと

「聞きたい、聞きたい。知りたい。沖縄のこと知りたいから。理解したいから」

ということがあるんです。

でも本当に知りたいのなら、かなりの程度まで、自分で学ぶことはできます。本を読み、資料館に何度も足を運び、時間をかけてみる。そのための資料館ですから。そこまでやれば戦争体験者自身に会う、話を聞きたいと願うことの意味の重大さがわかるはずです。

地域のお祭りを追いかける観光客がいます。観光客が大勢押し寄せることで、そもそも誰のためのお祭りなのかわからなくなることがありえます。観光客のためにやっているお祭りになってしまって、伝統的になにか気持ちを込めてやっていたその気持ちというのがなくなってくるというか、奪われてしまうというか、そういう状況にならないか心配です。

沖縄とフェミニズムの視点

この「人類館」で展示されたのは女性だったんですけれど、〈沖縄女性への眼差し〉という問題もあるんじゃないかなあと思います。

沖縄とヤマトゥの関係というのは、フェミニズムで読むとけっこうわかりやすいところがあります。つまり沖縄自体が「女」にされていて、ヤマトゥが「男」になって、男が女より優位とか、性的な対象として接近するとか関わるとか、そういうイメージを感じます。

例えば、NHKテレビの『ちゅらさん』のなかに出てくる主人公の女性は一九七二年、「日本復帰」の年に生まれて、ヤマトゥに出てきてヤマトゥの男性といっしょになり、病気になって彼が医者で救ってあげるというストーリーだったと思いますが、沖縄が日本になった年に生まれ、沖縄が日本ではなかった過去をもたない、沖縄を象徴する主人公が女性。

「おばあブーム」というのがあります。私は祖母を「おばあ」と呼んだことはありません。それなのに「おばあ」とか呼ぶのが流行っていますが、すごく違和感があります。ウチナーンチュは本当にみんな自分や他人の祖母を「おばあ」と呼んでいるのでしょうか。私自身は、ちゃんと「ウトゥスウィ」とか「ウンメェー」、「ハーメェー」と呼ぶか、日本語で「おばあさん」と呼びなさい、「おばあ」と呼ぶのは失礼だと教育されてきたのです。

そしてそういう沖縄のお年寄りの女性の描き方にも、本当にその人が経てきた時間、特に苦しい戦争を経てきたことへの尊敬、彼女たちがもっている威厳とか気品がほとんど感じられない。なにかコミカルで、おもしろくて、突拍子もない、自分の常識から外れたことをやっていて、むやみに明るい、「珍しい動物」みたいに扱っている感じがどうしてもしてしまいます。例えば、私の祖母とは全然違います。もうここに連れてきたいぐらいですけれど。うそです。私の大切な人だから「見せ物」にはしません。

東京で活躍する芸能人を輩出しているアクターズスクールという芸能人養成学校が沖縄にあります。牧野さんというヤマトゥンチュが校長ですが、彼ははっきりと「沖縄の人は学力が低い」と言っています。だから学力面で努力する必要はない。でもエンターテイメントの素質があるから、そしてまたエキゾチックで美しく、特に混血の女性は美しいから芸能の才能を伸ばして発揮させるのがいい。そうやって僕は沖縄に貢献しているんだから県知事は僕に感謝状を持ってくるべきだ、と

（露骨な差別発言に聞こえるようなことを）はっきりおっしゃっています。

それから、ヤマトゥンチュがヤマトゥンチュに向けて沖縄について書いてヤマトゥの出版社から出して買うという沖縄本ブームがあります。お金はヤマトゥの人からヤマトゥの間で動いていて沖縄には落ちてこないし、沖縄というのは素材になっているだけです、そしてなにか「自分のもの」を人に自慢するように、「いいでしょ、いいでしょう。こんなことを経験した。こんなことを本当に見たよ。いいでしょう」と他のヤマトゥンチュをうらやましがらせるように書いています。でもウチナーンチュが「あなたたち沖縄に何しにきたの。何やってんの。誰なのあなた」という問いかけをすると、それに答えてくれることはほとんどありません。沖縄の人に向かって、自分はいったい何者であって、日本がしてきたこと、そしていま、そのなかで育ってきた自分というものをどんなふうに思っているか、沖縄に出会ってどんなふうになったか、そういうことを語ることはないわけです。

沖縄の人に向かってなにか書くときは、最初は「沖縄は素晴らしい、優しい」とか誉めるんです。そうすると沖縄からの問いかけを封じてしまう効果があって、「誉め殺し」みたいなことになります。そして、その次にくるのはお説教です。「沖縄の人はもっとああしたらいいのに、こうしたらいいのに」、「もっと戦争に反対しなさい」とか、「なんでそんなにチルダイ（脱力）しているの」とか、「闘わないウチナーンチュに失望した」とか言われるんです。

なるほど、では、あなたは、あなたが闘うべき相手と本当に闘っているのか、とお聞きしたい。うーん、今日もここでこんなことを言っていて、もう、やんなってきちゃいました。私は「きつい」と言われているらしいのですが、私がきついんじゃないんです。状況がきついんです。私はそれを正直に反映しているだけではないでしょうか。うー、苦しくなってきました。はー。

それで、どうしてそんなことになるのかなと思っていると、結局、他者から見て／見られて「自分は何者か」というヤマトゥンチュ自身の問題なのではないでしょうか。ヤマトゥというのは大変じゃないですか。いろいろ歴史的に植民地をつくったり差別をしたり、また、その植民地責任、戦争責任、戦後責任をどうとるか、ヤマトゥンチュであるということを見つめるということは七転八倒するようなとってても辛い、しんどいことだと思うんです。

それを社会全体が引き受けないで、逃げる方向を選んできています。ごまかしごまかしやってきてしまっていて、それでそういう倫理とかを確立するチャンスを次から次へと失ってきてしまっているると思うんです。その虚しさとか寂しさというか、心の中に空洞みたいなのができているんじゃないかなと、見えます。

だから自分の空っぽさみたいなのが無意識に実はあって、でも人間だからそれを埋めずにはいられない。そういう自分は辛いし寂しいし虚しい。だから一生懸命生きている人のところに行って、そのエネルギー、生命力を欲しい、もらいたいという感じで、どんどん沖縄に押し寄せてきているのかなと思っています。

そうして沖縄側が日本との関わりで、奪われた人間性を回復しようと一生懸命努力して培ってきた成果がまた奪われようとしているという感じがあります。

右傾化する日本社会

いままで述べたことは、日本の右傾化と実は同時に起こっているような気がします。虚しさを埋めるために、戦争責任や植民地責任という問題に開き直って、否定するようにしていくのと、癒しを求めるのが同時に起こっているのではないか。

サンシンを弾いて沖縄人の悲哀を涙を流しながら歌ってみることで、自分もなにかロマンティックなドラマティックな人生を生きてきたような気になって、悲しみも喜びもてるようになる、という感じです。

小林よしのりや西部邁を読むと、ものすごく人を脅かしながら自分の方に寄せている感じがします。この意見を認めないのは、お前が弱虫の証拠だ、ばかにするぞ、と脅迫しながら右傾化に引っ張っていっている感じがするんです。ヤマトゥンチュは、自分自身を、自分自身の人生を生きていないから、自信がない。なにか自信をもつためにミギミギタカタカしているようだけど、やればやるほど自信がなくなって、もっともっと悪くなる、悪循環。そんな感じなのではないですか。石原都知事を選んだ東京から一番、沖縄に観光客が来ているんです。それで「沖縄好き好き」と言うけれど、戦争のこととか基地のことは「難しくてわからない」と言って帰って、でもまたやって来ます。

昔は「朝鮮人、琉球人お断り」だったわけです。それが百年後はどうなっているかというと、朝鮮に対しては北朝鮮バッシング、琉球に対しては排除しつつ取り込んでいいところだけもらっちゃおう、ということをしているというふうに感じます。

そういうことをやりながらも、実は日本人自身もどんどん傷ついていると思います。それを直視するのも怖いから、ますますミギミギタカタカするか、癒しにいくか。どっちとも結局は、きつく言うと「新たな侵略」みたいな感じになっているので、これはどこかで止めないといけません。みなさん、止めないといけないんです。

グローバリゼーションというのがあって、そのなかでどうなるかっていうと、いまの右傾化の話でアメリカと繋がりますが、アメリカが世界帝国をつくろうとして、日本はそれと共犯者になることで日本の利益を得ようとしています。

日本というのは民族を強調するけれど、実は民族としてはお互い全然愛しあっていないのでは。だって自衛隊をあんな危ないところ〔イラク〕へ平気で行かせています。「国のために」とか言っても、自衛隊を行かしたらだめです。危険なんです。

拉致された人たちのことを心配していても、当事者の気持ちに寄り添った対応をしていると言えるでしょうか。だから民族主義と、あんなに言わなきゃいけないのは、やっぱりお互い愛しあっていないわけで、そこらへんが日本の方の寂しさというか虚しさなのでしょうか。

そういうことで百年前も結局、日本は西洋のヒエラルキーのなかで西洋に追いつこうとしていって「西洋があって日本があって非西洋がある」という形にしようと思ったのでしょう。だから福沢諭吉の脱亜入欧論があります。

今回、イラクに本当に兵を送ることになりました。イラクは日本とは関係ないところだし、世界じゅうの他の国はあそこまでアメリカを支持していないというのに、です。本当に西洋が植民地主義を続けていて、日本はアメリカにくっついていく。西洋の世界制覇のなかに補完する形で、間に日本があります。西洋があって、日本があって、非西洋があって、そういう形で支配が完成するということに、いまは本当に完成する状態になっているのかなと思います。これは大変おおざっぱなつかみ方で、具体的に見ていくとそうじゃないという希望もいっぱい出てくると願っています。

おおざっぱに言ってそういう関係のなかで、沖縄というのはグローバリゼーションを軍事的に支える基地の島であり、そしてその先進資本主義国の人々が疲れを癒しに来る場所、という二つの役割として、このシステムのなかにきっちり入っていると思います。そして、沖縄がそのシステムに対して、また共犯者になってしまうという問題もやっぱりあるわけです。

その意味で百年前の問題は、終わったかというと終わっていないと言えます。沖縄では総選挙（二〇〇三年第四三回衆議院議員総選挙）で比例区をいれて護憲派が三人生まれました。日本国のなかの護憲派は十五人なので、その三人が二〇パーセントにあたります。しかし、日本国全体の多数決主義の民主主義で言えば勝ち目がないということになります。

また沖縄ブームのなかでヤマトゥンチュがヤマトゥンチュに都合のいい沖縄像を語っていって日本のなかで流通させているなかで、沖縄の表現者というのもそれとどんな関係をもつか、という緊張関係があると思います。同じように、日本に都合のいい沖縄像を語るようになることで、ちょっとおこぼれをもらえるという誘惑にさらされたり、そこでヤマトゥの目から見た沖縄というのを語るのは、ひとつの同化でもあります。そういうなかで、ゆれている人がたくさんいます。緊張関係のなかに生きている人がたくさんいるんじゃないかと思います。

沖縄に対する決定権

さっきのヤマトゥンチュの眼差しのところで重要なことを言い忘れてしまったんですが、ヤマトゥの人は沖縄のことを「知りたい、知りたい」と言うんです。沖縄の人も知ってほしいと思うし、そう思ってきたからいろんなことを説明します。ウチナーンチュはみんなガイドさんみたいです。それはなぜかというと、知ったら差別しなくなるだろうという期待があるし、具体的に基地の問題を知ったら、なくしてくれるだろうと期待しているからです。

しかし、それをずうっとやってきて、はたしてどうだったか。もちろん昔みたいに「芋と裸足だろう」とか「肩にハブ乗せて歩いているんだろう」とか言われるのは少なくなったかもしれない。でもまだ言われている人はいます。

いまだったら「沖縄出身です」と言ったら「ああ、沖縄いいわね。今度リゾートに行くから泊めてね」と言われるウチナーンチュは全国各地にいます。そして結局、「沖縄ってテーゲー主義なんでしょ」とか「イチャリバチョーデーなんだってね」とか前とは違うかもしれないけれど、沖縄出身、沖縄から来たと言えば、一定のイメージを日本人が押しつけてくることがあります。

これが百年前のことと、とても似ているなと思ったのが、結局、差別をなくすことも基地をなくすことも決定権はヤマトゥンチュがもっているということで、それは事実なんです。ウチナーンチュがあれだけやってもできませんでした。それでみんな夢も希望もなくなって、ああって感じになっているわけですから。

ヤマトゥの人は実は自分が決定権をもっているということを知っているんです。だから沖縄のことを知りたい、教えてって言えるという権利があるって思っているんじゃないですか。「知りたい」とか「理解する入口にしたいからサンシン教えてください」とか、「知ることでいいことをしてるんだ」、「沖縄のためになることをしてるんだから、そういう私に親切にしてください」と思っているんです。でもその陰には、「しないんだったらあなたたちの問題を解決してあげないよ」という「脅迫」みたいなものを感じます。

もちろん、そんなすごい、いやーな言い方をする人はもちろんいないんですけれど、そういうふうに聞こえてしまう関係なんです、私たちは。

じゃあ、どうするかという話をちょっとします。

展示される側の視線

人類館に展示されていた人について「噂」を聞きました。

「私、人類館事件百周年でちょっと大阪へ行くんだよ」

という話を近所の人にしたら、五十代の人が

「あっ、その展示されていた人、同じ村の出身。知ってる。僕の父がよく知ってる。いっぱいお金を儲けて帰ってきて、金持ち《えーきんちゅ》になったってよ」

と言うんです。こんな身近なことだったのかと、改めてぞっとしました。

陳列されていた彼女たちにとっては窮極の出稼ぎだったんだなと思いました。日本に出かけて行って、差別されながら頑張って、お金を持って帰って、家を建てたとか、金持ちになったんだという評判が残ります。でも、報道され、新聞紙上でももめたので、もっと大変なこともあったでしょう。

彼女たちは、野蛮だというふうに見られていたわけです。でも彼女たち自身は、見に来た人たちをどんなふうに見ていたのでしょうか。彼女たちにはどんなふうに見えたのでしょうか。

そのときに「私を野蛮だと見ている人、この人たちのほうが野蛮だ」と見ていたと私は思いたいんですね。そうすると、関係が反転する。その彼女たちの眼差しをどんなふうに、私たちの力にできるでしょうか。

でもそんなふうに簡単に言うと、ただの言葉遊び、頭の体操になってしまう恐れもある。やっぱり見られるというのは屈辱だったし、うれしい体験じゃなかったはずで、そしてその事件のもつ問題性もあります。

ただ彼女たちの眼差しで、実は見にきている人の方が野蛮なんですよ、って関係をひっくり返して、それで何かを変えたような、解決したような気になるのも違います。それはなにか問題を隠してしまう、封印してしまうことになります。

実際、彼女たちは圧倒的に力をもっていないから、「彼女たちの眼差しで」と言ったところで社会的影響力から言うと効果とか力がほとんどもてないわけです。

でもそのうえで、「彼女たちの眼差し」というものに私は希望を見いだしたいと思っています。それは、結局は単純なことになるかもしれませんが、ウチナーンチュ自身が「自分の沖縄」というものを表現していく、ということです。自分の目から見える世界というのを表現していく。

でもたとえば私には、それを日本語でやると日本語の世界というものに回収されるというか、翻訳されるということであり、いつも緊張関係があります。

また私は、「きつい」とかよく言われるけれども、自分自身にとっては、とても正直に語っていて、「こんなにヤマトゥンチュに対していい人はいないんじゃないの」と思っているんだけど、怖がられたりするんです。でも、こういうことは、やっぱりヤマトゥの方々は知っておくべきことなんです。そしてウチナーンチュが自分の目で見た世界、自分の目から見える世界を表現していく、そしてその空間を守って、少しずつ広げていく。そうすれば他の人をウチナーンチュが差別するとか抑圧することにもならないんじゃないか、と思います。

ヤマトゥのみなさんは、私が描写する「現代の人類館の観客である自分自身の姿」というのを聞くのはつらかったと思います。私も口に出すことは苦しいです。でも、この状態を放っておくと、私たち沖縄人は「殺されて」しまうんです。物理的に命永らえても、魂が。そして、それは物理的死にもつながるかもしれません。そして、この状況は、ヤマトゥのみなさんの魂も深く深く傷つけていると思います。だから、ヤマトゥンチュのみなさんは、知っておかなければならない。知れば、変われるかもしれないから。

ヤマトゥの人を解放することはヤマトゥンチュにしかできないので、本当に頑張ってほしいと思うんです。とっても大変だと思うんです。でも、だからといって他の文化を「収奪」してはいけません。ヤマトゥンチュであることのしんどさをしっかり七転八倒しながら引き受けなくてはなりません。沖縄の平和運動にも、ヤマトゥの人がいっぱい「移住」してくるんです。ヤマトゥで平和とか言っても変な目で見られるから、沖縄に行って平和運動頑張るとか言うんだけど、やっぱりヤマトゥで自分の親戚とか兄弟とか家族とか同僚とかいるところで頑張ってほしい。ヤマトゥを良くするのが一番沖縄にとっての、一番大きな「応援」だから。

ウチナーンチュも、生まれたときからとっても苦しんで、ずっと苦しみながら生きています。でも、そうやっているからこそ、いろいろ風景も色がクリアに見えてきます。悲しみも苦しさも辛さも体験するから、「おもしろく」生きているわけなのです。

ヤマトゥの人も、ヤマトゥンチュである苦しさと向き合うと、もっと生きるのが味わい深くなってくるのではないでしょうか。他のところに、リゾートに行かないでも、自分の身近の楽しい、美しい風景とか、本当に何気ない路地が美しく見えたり、そういう体験が起こるのではないですか。そうしたときに、おたがい立つべき位置を引き受けあったときに、もっといい関係になってヤマトゥンチュとウチナーンチュは向き合える、出会えるのではないでしょうか。

「日本復帰」体制四〇年で見えてきたこと

「復帰思想」のゆらぎ――二〇一〇年をふりかえって

今年も一月の名護市長選[★1]を皮切りに、選挙、世論調査、県民大会や基地包囲、辺野古や高江での座り込みなど、さまざまな活動で県民が軍事基地に抵抗した。特に、普天間にある基地の閉鎖・返還に際する米軍第1海兵航空団などの所属部隊の行き先が、県内では不可能であることを明確に示した。このことが日本国首相を辞職させもした。熱く忙しい日々だった。みなさま、本当にお疲れさまでした。

この過程で、沖縄への基地押しつけは、地理的、国際関係的に仕方のないことではなく、差別であり、沖縄は日本の植民地である、という認識が広がったことは特筆すべきだ。そのような扱いを受けていることを自分で認めるのは、相当につらい。しかしそれを直視し、県知事選[★2]で、「普天間の基地を移転するなら、同じようにアメリカの植民地であるグアムではなく、安保を認める日本本土であるべきだ」と、日本に突きつける選択を県民がしたことは歴史的意味をもつだろう。

これらが示すのは、沖縄社会が、「日本復帰思想」の枠組みではとらえきれない段階に入ってきたことだろう。これを引っ張ったのが、どんなオピニオンリーダーでもなく、一般の生活者の沖縄人であると思う。人々は、新聞など、特に、読者の欄を熱心に読み、感じ考え、身近な人と議論し、行動し、また新聞に投書したりして、互いに教育しあい、いまの状況をつくってきている。

だからこそ、今年は日本国の首相が四回も来沖した。来年も大物政治家が次々に来るそうだ。しかし、沖縄ではなく、どうぞ、アメリカや他の四六都道府県に行って、沖縄にはもう米軍の第1海兵航空団を置くところはない、と「謝罪とお願い」をしてほしい。平和を求める日本の人々は、沖縄に押しつけてきた基地を引き取りながら当事者として軍縮に取り組み、沖縄への差別構造を少しでも壊し、憲法9条実現の道筋をつくってほしい。

東アジアの「緊張」を口実に、自衛隊増強の圧力などを含めて、これからも紆余曲折あるだろう。しかし、つらいときは、例えば、興南高校野球部の甲子園春夏連覇を思い出そう。相手にリードされても自分を信じ、冷静沈着に力を発揮していったことを。我喜屋優監督の座右の銘「なんくるならない」は沖縄の伝統的老荘思想の「なんくるないさ」を否定したものではないだろう。「力と気力を奪われた植民地人像」を「甘受」させられることへの拒否ではないか。私たちも踏ん張らなくては、偉業を成し遂げた後輩たちに恥ずかしい。

ヤレーヌーヤガ――「メア差別発言」[★3]を撃つ

地震、津波、放射能で紙面もチブルも埋め尽くされ、そういえば、米国務省日本部長を更迭されたケビン・メア氏はその後どうなったか、と思っていたら、震災支援の調整担当になっていた。当初国務省を退職する意向だったが、震災が発生したため、在日米軍や原発に詳しいとポストが与えられた（asahi.com 二〇一一年三月十六日）。これを知って、沖縄人の名誉と被災者の生命、安全とが天秤にかけられているような複雑な気持ちになった。震災支援は大切な仕事である。しかし、沖縄人のみならず、日本人、日本文化への差別発言をした彼は、それについて説明も謝罪も撤回もしていない。米国務省には「優秀な」人材が他にたくさんいるはずだ。沖縄人と被災者双方の名誉と尊厳を重んじ、氏の処遇について米政府は筋を通すべきだ。オバマ大統領の任命責任が問われる。

さて、メア氏の件の発言だが、その内容の論理破綻ぶりが興味深い。例えば、彼は「日本政府は『金が欲しければサインしろ』と沖縄知事に言う必要がある」と言うが、それはそもそも効果のないことだ。なにしろ、彼が言う「日本政府を巧みに操りゆする名人」である沖縄人なら、そんな脅かしなど巧みに切り抜けられるからだ。また彼の言うとおり、そもそも沖縄人の「三分の一が、軍隊がいなくなれば、より平和になれると信じていて」「対話不可能」、すなわち、説得不可能な人々なのである。そのうえ、名護市長選、県知事選をへて、いまや県内移設を拒否し県外移設をつきつける県民の意志は強固になるばかりだ。そして、今回の発言が公になったために、今後、知事が方針を変えて県内移設をのめば「金が欲しくてサインした」ことになる。

彼は「沖縄の主要産業は観光業だ」「沖縄人は怠け者だからゴーヤーを栽培できない」「沖縄は離婚率、出生率（特に非嫡出子）、飲酒運転率が最も高い。これは度数の高い酒を飲む沖縄文化に由来する」と述べる。ゴーヤー云々の部分は、うちの近所の小学生でも

「はー？　ゴーヤー、つくってるやし」

というぐらいの嘘である。その他、アメリカでも観光業は一大産業だし、離婚率、出生率（特に婚外子）、飲酒運転率は高い。ブッシュ前アメリカ大統領には飲酒運転の逮捕歴がある。バーボンなど度数の強い酒を好む人も多い。このように、アメリカ社会にもあることを、沖縄社会の特色のように差異として捏造して侮辱することを、差別という。

彼が沖縄研修旅行に行くアメリカの学生たちにこんな話をしたのは、学生たちに自分と同じまなざしで沖縄を見て欲しかったからだろう。そうでなければ、学生たちは、軍事基地に抵抗する沖縄人に気高さ、威厳、勤勉さ、忍耐強さを見出してしまうからではないか。そうなれば、沖縄への基地押しつけの不当性が自国の若い世代にもばれてしまうからだ。そして実際そうなった。

彼の侮蔑の言葉に潜むのは、

「未開、野蛮、劣等、頑迷固陋、不衛生、怠惰、放縦、強欲、享楽的、不誠実」

という沖縄人への勝手な評価の押しつけだ。これは、「琉球処分」以来、日本人が沖縄人に強要したレッテルと同じである。そして、日本人やアメリカ人のみならず、世界じゅうの植民地主義者が

被植民者をこのようなやりかたで貶めてきた。彼らは自らの侵略、植民地支配を正当化するために、「文明が野蛮を支配する」「優れた者が劣った者を支配する」という論理をでっち上げたのだ。そして、自らを「文明」「優れた者」と高めて偽装するために、自分が支配したい相手を侮辱し、低めようとする。琉球においては、このような日本人の差別が沖縄人を同化に向かわせ、沖縄戦において「立派な日本人として戦い死ぬ」までに追いつめた（目取真俊）。そして日米の差別は基地押しつけという具体的な形でいまも続いている。

今回、自国の差別と闘うアメリカ学生とつながって沖縄人がメア氏更迭を勝ち取ったのは、特に沖縄の次世代への大きなプレゼントになる。

「私たちは差別を受け入れないし、許さない」

という姿を沖縄社会が示せたからだ。そして、大事なことは、このような「評価の押しつけ」に、反論や事情説明で理解を請うというより、

「ヤレーヌーヤガ（だから何だ）」

と言うことである。私たちは私たちのままでいい。「野蛮人」と呼ぶなら呼べばいい。（植民地支配に不都合な）「野蛮人」は正しい。私たちは「野蛮人」を徹底して生きるのである。

ただ、そう言えるようになるのは一人では難しい。沖縄人同士で話し合うことが必須だ。それぞれの傷、怒り、悲しみ、恐怖とは何か。心と体のどこがどのように反応するのか。

そうすれば、差別による支配のメカニズムやその弱点が見えてくるだろう。互いの知恵を学び合い、自己肯定感、自尊心を深めるのだ。そうすることによって、他の沖縄人やより弱い者へ差別を

転化したり、植民地支配へ共犯したりすることをやめられる。

沖縄人だけで集まるのは「排他的」と「非難」されると怖いかもしれない。しかしこの「非難」は自らの利益を保障する支配秩序が覆され始める気配を察知した者が妨害のためになす「攻撃」である。植民地主義やそれへの共犯者が行なうだろう。だからそれに対しても、「ヤレーヌーヤガ」なのだが、あえて言い換えればつまり、

「沖縄人が『排他的』になることが必要なときには必要だ」

恐れることはない。

前島夜塾

前島夜塾とは、二〇〇六年に前島アートセンターで、詩人の川満信一を塾長に批評家の仲里効、ジャーナリストの大盛伸次らが仕掛けたトークセッション・シリーズである。仲里は「前島は、泊港に近い歓楽街で、いろんな人が行きかう場所。中心の文体とは違う街はずれが独特に放つあやしさ、そこにいる人がもつエネルギーがある。そこで話す意義」がある、と前島という場所にこだわった。

第一回は六月六日。ウィリーライブの後、金平茂紀（TBS報道局長）が「東京から見た沖縄の報道とメディア」を語り、「どこへ行く沖縄／どうする沖縄」を金平と松永勝利（琉球新報記者）、ダグラ

ス・ラミス（政治学者）、仲里効が論じた。

第二回は八月十八日。知念良吉ライブのあと、「知的格闘への誘い〜植民地主義、米軍再編、沖縄の自立をめぐって」を、川満信一、野村浩也（広島修道大学教授、旧美里村出身）、知念ウシが議論した。

私が参加した第二回の本質的テーマは、その前年、刊行された野村の著書『無意識の植民地主義——日本人の米軍基地と沖縄人』（御茶の水書房）をどう受けとめるか、であったといえる。

同書は在沖基地問題を事例として、沖縄の近現代の社会状況を、フランツ・ファノンやマルコムX、グギ・ワ・ジオンゴといった世界各地の被植民者につながりながら解明した沖縄人発のポストコロニアリズムの理論書である。そこでは、日本人を沖縄に植民地主義を行使する植民者、沖縄人を被植民者と分析し、日本人が植民者というポジションをやめるために、まず沖縄に押しつけた基地を持ち帰ること（「県外移設」）を呼びかけている。同書は当時、またはいまでも、リトマス試験紙のように、読む人の賛否両論、激しい反応を引き起こす。そこで、夜塾第二回では、その野村をめぐり喧々諤々論じようと企画されたのである。

当日は予想・期待通り、野村と私というアラフォー世代と上の世代との間で熱く激烈な議論が交わされた。「基地の県外移設」、「平等負担要求」の意味のみならず、次のように燃えた。

「日本人の差別の背後にあるアメリカの世界戦略を見逃してはならない」

「そう言うことで、日本人を免責していないか」

「沖縄から見ると日米は喜んで共犯している」

「沖縄人の被害意識を強調しすぎだ」

「被害は現実である」
「基地を容認する沖縄人のメンタリティの方が問題ではないか」
「そのようにまず自分を責める沖縄男性のマッチョズムが自己嫌悪となって、女子どもに向かう暴力になってはいないか」
などなど。

これらは民主党政権誕生以前の議論である。そして周知のとおり、現在、沖縄県知事は「県外移設」を主張している。知事をこのように変えた沖縄社会の変化は、これまでの、保守革新、右翼左翼、基地の賛成反対という枠組みだけではとらえられない。それには反植民地主義／脱植民地化の文脈からの理解が必要である。（この流れをつくる小さな一つにこの夜の議論もなっていたらうれしい。）

私が体験した前島夜塾の魅力とは次のようなことだった。前島アートセンターとタイアップすることで、会場費と時間を気にせず深い議論ができた。参加者全員が同じ高さで近くにいてやりとりできた。ワンドリンク付きという気楽さもあったが、酔った勢いでの居酒屋談義ではなく、緊張感と冷静さがあった。隣のフロアでは美術の展示があり、どちらに来場しても両方の企画に参加できた。アート、政治、言論の垣根がなかった。

そして、沖縄の「日本復帰」前にできた旧高砂殿という建物の古さ。そこには戦後を生き抜いてきた沖縄人の汗と涙とため息と反吐が染みついていただろう。いま沖縄には最新の洗練された公的ホールがたくさんある。私も利用するが、そのときどこか潜在意識的に、運営している人々の努力とは別に、（私たちが受け取るべき正当な資金であっても「振興策」と呼ばれるように、）日本経由の金と技術と知識による買収、あるいは脅かしを感じることがある。

「沖縄だけではやれないだろう。おまえたちには日本が必要なのだ」

前島アートセンターでの夜塾はその圧迫感から解放され、仲里効のいう前島という場所で、沖縄人の経てきた思いにつながりながら、素の自分に戻り自由に議論できた。しかし、ビルの閉鎖、取り壊しに伴い前島夜塾はそれ以来開かれていない。

沖縄社会は紆余曲折、試行錯誤しながらも、脱植民地化の歩みを着実に進めていくだろう。どの「教科書」にも載っていない私たちの答えをつくっていくために、己れの内側から発するものをつかまえる、垣根のない、自由な討論空間が、これまで以上に求められている。

いつまでもあると思うな「復帰五〇年」

ラジオ沖縄の「おはようインタビュー」という番組に上原康助氏（元全軍労委員長・沖縄開発庁長官・衆議院議員）が登場し、次のように語ったそうだ。

「この四〇年を転機に、復帰五〇年までには沖縄の本当の意味での基地負担軽減を実現したい。海にも陸にもこれ以上、新たな基地を作らせない。この一点で県民が心を一つにするなら、私は可能性があると思う」（「琉球新報」二〇一二年四月十六日）。

まっとうな発言である。

しかし、「復帰五〇年」というのは本当にあるのか、とふと思った。未来は誰にもわからない。復帰四〇年があるから復帰五〇年もあると、当たり前に想定することが「復帰五〇年」を実現するかもしれない。いやしかし、「攻撃対象沖縄県[4]」として、沖縄に「有事が誘致」されているような現状で、将来「沖縄県」は存在しているのか。全滅していないか。いや、部分的な紛争地帯を抱えた形で存続しているか。それとも……。

そんなことを心配するような状況へ「復帰」したとは、そもそもいったい何なのだろう。「沖縄の日本復帰」と呼ばれる一九七二年、私は五歳だった。当時の社会のワサワサした感じをなんとなく記憶している。「復帰」後の自衛隊配備をめぐる社会の激動からくる不安感は身体が覚えている。

それなのに、当時の大人たちはなぜ「復帰運動」をしたのだろうか。「復帰」とは何か。何が人々をして、日本を欲望させ、そしていまもさせ続けているのか。いや、この問題設定自体、不適切なのか。この「復帰運動」後の「日本復帰体制」の沖縄社会で育つという私の体験は何だったんだろう。

先日、新聞紙上で「日本復帰」四〇年をテーマに、私は、元沖縄県知事の大田昌秀氏と往復書簡を交わすことになった。そこで、このような疑問をぶつけてみることにした（「復帰前後つなぐ言葉」、「沖縄タイムス」二〇一二年三月二十日、二十二、二十三日）。そのさい、大田氏が「復帰」前の一九六八年に出版した『醜い日本人』を出発点にした。最近再読して、大田氏の指摘する当時の沖縄の状況と批判、問題提起がいまも通用することに、あらためてショックを受けたからである。また、当時の大田氏がいまの私と同年齢ということに親近感をもち、沖縄で生きる、という意味をともに考えられたら、と思った。

たとえ無礼だと思われても、後輩には先輩たちに質問する義務があると思う。私より下の後輩たちに対しては、それが私の世代の責任でもある。

先輩を問うとは、自分もいつか問われるという意味である。それはちょっとこわい、緊張することだ。しかし、そのときはそのとき。誠実に自分を振り返れたらいい。そういう覚悟を多少なりとももって、書簡を書いたつもりだ。

私が大田氏に教えていただきたかったのは、次のようなことだ。

・大田氏は一九六八年の段階で、「本土の人たちは、沖縄の犠牲のうえに繁栄を謳歌してきたが」「本土側で沖縄の問題が『自分の問題』としてとらえられていない」といった。さらに、このような冷淡さと無関心を「醜い日本人」と表現し、「『祖国復帰』の名に値するものか、疑わざるをえない」という。当時の沖縄社会も大田氏と多かれ少なかれ認識を共有していたと思われる。例えば、沖縄を切り捨て独立を回復した日本のあり方に非常に怒っていた。それでも、「そういうところへ戻る」という沖縄社会の二重意識を両立させたのは、何だったのか。

・「日本に戻る」という発想は、戦前の大日本帝国沖縄県時代がいいもので懐かしかったからか。戦前の日本人にされたまま、戦場で命を奪われ傷つきながら、敗戦を迎え、そのまま、「日本人だから日本に戻るのは当然」と思ったのか。
・復帰を訴える文書などに、「民族」という言葉が出てくるが、何民族のことだったのか。当時人々は、そして現在、「わったーや、日本民族やんどー」と思うか。
・人権が踏みにじられる米軍占領支配から脱したい、人権を取り戻したい、という思いが、なぜ「日本になる、戻る」になったのか。
・「日本」というのは、現実の日本ではなく、何か別の、自分たちの上位概念、理念型、理想郷みたいなものだったのか。
・文明や主権国家体制というのは、ヤマトゥから来る、という感覚があったのか。
・私が「ウシ」と名乗ったり、琉球語で話したり、琉装すると、笑いが起きることがある。嘲笑のみならず、好意的な表現としてさえある場合もある。しかし、そもそものような反応が起こるのはなぜなのか。これと、沖縄社会の二重意識とはなにか関係があるのか。
・世界の植民地解放運動において、沖縄の日本復帰運動は、植民地状況を脱するために以前の植民者を選ぶ、という点で、珍しい例だろうか。
・大田氏は一九六八年にすでに「日本人連帯運動家」に対する批判的分析を書いている。しかし、これらのことがその後、沖縄社会で、平和運動のなかで、常識として定着しなかった。それはなぜなのか。何が不足していたのか。あるいは逆に、何があったのか。いま生まれつつあるものがあるとしたら、それは何か。

残念ながら、大田氏からの返答は、私の読解力不足か、スルーされた感じで、まだよくわからない。しかし（だからこそか）、往復書簡を読んだ人のなかで、自分自身を深く見つめ、私の質問に答えようとしてくれる先輩たちが現われ始めた。最近私はそういう方々と密度の濃い議論をして過ごしている。

自分たちで自分たちの運命を決めることの難しかった、苦労の多い、沖縄・琉球。一人ひとりがそんな歴史をマンガタミ（丸抱え）しながら、させられながら、尊厳と主体性をもって生きようともがいてきた。そういう人生を具体的に知ることができ、感動する。私は先輩方の試行錯誤、挫折や失敗、獲得してきたもの、育んできた知恵、奮いたたせてきた勇気、絶対に譲れないと守ってきた思い、を学びたい。そして共に未来を語り合いたい。

もっともっと沖縄・琉球人同士で、虚心坦懐に、ユンタクさびら、語やびら（語りあいましょう）。

米・日と対等な主体として

まず、今回の事件[★5]で、加害を告発なさった被害者ご本人、ご友人、ご家族の勇気に敬意を表したい。困難な状況にあっても、ご自身の尊厳と正義を貫こうと決意なさったことを全面的に支持していきたい。

そもそも、軍隊には性暴力が組み込まれている。沖縄での経験からも実証できる。戦時中の「性奴隷」も含めて、この地で、また、世界じゅうの戦場、軍隊駐留地で、これまでどれほど多くの人が、男性も含めて、被害にあってきたのだろう。古来、軍隊の「戦利品」の中身には敗戦地の人々への「強姦権」も含まれているという。加害者側の兵士の性も、戦争の道具にされているのだ。

沖縄住民が被害を受ける軍隊の性暴力をなくすには、兵士の夜間外出禁止令では効果がないだろう。これまで通りいずれは解除されるだろうから。[★6] 喧伝されている通り、「全基地閉鎖」しかないだろう。

私はこの文脈においても、「全基地閉鎖」が実現するまで、「日米安保条約」がなくなるまで、在沖基地の県外移設（「日本本土」が引き取ること）を要求する。

「では、『本土』の人が被害にあってもいいのか。そうなったら、どう責任をとるのか」

と批判されるかもしれない。しかしそれには、七四％の在沖米軍基地を沖縄に集中させ、それにともなう性暴力も集中させてきた責任をどうとるのか、とまず問い返したい。そのうえで、「本土」の人々には、

「自分で自分や子どもを守り、基地・軍隊がいやなら、自分で安保をなくしてくれ」

と言おう。

沖縄は米軍にとって第二次世界大戦の「戦利品」だとよく言われる。しかし忘れてはいけないことは、米軍にとって「日本本土」もそうだったのだ。進駐軍は各地で性暴力事件を起こしていた。それへの反発もあり、「本土」で反米軍基地運動が盛んになったから、日米両政府は米軍基地を沖縄へ移し、「本土」内を整理縮小した。そして、現在の「〇・六に七四」と言われる状態がつくら

れた。日本は屈辱を沖縄に肩代わりさせるから、米への自発的従属＝依存政策を続けることができるのだ。

今年二月、在沖海兵隊の岩国への一部移転を打診されたとき、当時の玄葉外相は岩国市長に
「お願いするつもりはないので、安心していただきたい」

と述べた。八月末、森本防衛相はオスプレイ駐機中の山口県知事に
「大変な心配、迷惑をかけ申し訳ない」

「沖縄への安定的な展開のためだ」

と述べた。そして今月十八日、長島防衛副大臣は岩国市長に
「約二か月にわたり、岩国に留め置くことになり、負担と不安を与えてしまった。心配をおかけし、おわび申し上げたい」

と言った。

これまで私たちは、日本政府に「お願い」してきた。

「どうか、沖縄の基地を減らすように、基地被害がなくなるように、オスプレイを沖縄に配備しないように、アメリカ政府を説得して下さい」

と。それで日本政府は私たちの「代理」「代表」として、私たちと同じ熱意で、とことん外交交渉をし、それでも米に押し切られたというのだろうか。

オスプレイ配備を顕著な例に、そもそも、私たちの生命、安全、尊厳に関わること、私たちの土地、空、海について、私たちが決められないのはおかしい。

日本政府にその気がない以上、最低でもまず、私たちは私たちの生命、安全、尊厳に直接関わる「地位協定」を私たちが米と締結させなくてはならない。「沖米地位協定」である。もちろん、軍と市長村が締結する夜間飛行防止協定等のように、このままでは軍は簡単に無視するだろう。いままでさんざん踏みにじられてきた沖縄だが、米日と対等で平等な主体であることを認めさせなければならない。弱肉強食の冷厳な国際関係のなかで沖縄が、そのような権利をもつ尊重されるべき主体であることを非暴力で示していくには、どうすればいいのだろう。

権利とは、政府や憲法が与えるものではない。人がそもそも持っているものを、権力と闘い、少しずつ認めさせてきたものだ。それが人類の歴史である。沖縄でも、「日本復帰」前の軍事占領下、人々が一つ一つ具体的な闘いで認めさせ、勝ち取ってきたものが人権だった。「日本復帰運動」は複雑で矛盾を抱えたものだが、その重要な側面の一つは憲法による人権保障の獲得を目指したことだ。結果、その目的はある程度かなったが、あくまで、日米安保条約という重大な制約下である。「憲法を求めて安保を押しつけられた」のだ。

沖縄の民主主義を否定し、オスプレイを強行配備する。これが沖縄の「日本復帰」体制四〇周年への「祖国日本」からの答えである。

私たちは私たちの人権を認めさせ、守るため、沖縄が米日と対等平等な権利をもつ主体として尊重されるべく、「実効力」をもたねばならない。そのことを意識しながら結集し、私たちの力をアピールするために、あらゆることをやっていこう。

★1　名護市長選挙は二〇一〇年一月二十四日投開票され、米軍普天間飛行場の辺野古移設に反対し県外・国外移設を求める新人の稲嶺進氏が当選した。

★2　沖縄県知事選挙は二〇一〇年十一月二十八日に投開票。現職で二期目をねらう仲井眞弘多氏と元宜野湾市長の伊波洋一氏の事実上の一騎打ちとなった。米軍普天間飛行場につき、伊波氏は県内移設を否定し、グアムなど国外移設を主張した。結果は、県内移設容認から転じて、県外移設主張と公約を変えた仲井眞氏が当選した。

★3　二〇一〇年十二月米国務省がアメリカの大学の学生フィールド・ツアーを受け入れた。そのさい、当時東アジア・太平洋局日本部長であったケビン・メア氏（前在沖縄総領事）が講義し、「沖縄の人々は日本政府を巧みに操り、ゆすりをかける名人である」「沖縄の人は怠惰すぎて（ゴーヤーも）栽培できない」等の差別的発言をしたと問題になった。翌年三月に在日米大使館はメア氏の更迭を発表。米外務省は米政府として公式に謝罪した。（『琉球新報』二〇一一年三月八日付け、「メア氏講義文全文」http://ryukyushimpo.jp/news/storyid-174366-storytopic-3.html）

★4　「二〇一二年四月、長距離弾道ミサイルとみられる北朝鮮の『人工衛星』打ち上げへの対応で、自衛隊がかつてない規模で沖縄県内へ緊急展開した。四月三日以降、ミサイルを迎撃する地対空誘導弾パトリオット（PAC3）と自衛隊員約九五〇人が沖縄入りした。配備地の那覇、南城、宮古島、石垣の各市でPAC3やレーダーが設置され、〝有事〟想定の物々しさだった。五日には災害用の全国瞬時警報システムを使い、県内二六市町村へ情報を伝達した。試験放送とはいえ、『攻撃対象地域沖縄県』などの文言が受信した市町村のパソコン端末に表示され、こちらも〝武力攻撃〟が前提であり、明日にでも沖縄が攻撃されるような国の対応には、多くの県民が戸惑い、疑問を抱かざるを得なかった。『衛星＝ミサイル』との確証から、PAC3の迎撃能力、県民への影響の度合い、発射・迎撃後の北朝鮮や国際社会との関係がどうなるのかなど、政府は明確に説明していない。

日本に落ちてくる『万が一』を御旗に着々と『破壊命令』が進み、沖縄へ軍事力が展開される空恐ろしさだけが募る状況となった」(「『衛星』打ち上げ問題　ちぐはぐな政府の対応」『沖縄タイムス』二〇一二年四月六日社説)。

★5　二〇一二年十月十六日、歩行中の女性を二人の米海軍兵が共謀して襲い、首を締めつけるなどして暴行したという集団女性暴行致傷事件。(『琉球新報』二〇一二年十一月七日付け、http://ryukyushimpo.jp/news/storyid-198943-storytopic-1.html)

★6　事件後、在日米軍は午後十一時から翌日の午前五時まで深夜の外出禁止令を出したが、翌月には酒に酔った米兵が住居に侵入し、少年を殴打する事件が発生した。およそ四ヶ月後の二〇一三年二月には、在日米軍司令部は勤務時間外行動を規定する「リバティー制度」の新たな指針を発表した。新制度は、基地外での飲酒を午前〇時から同五時まで禁止したほか、軍曹階級相当以下の兵士は同時間帯で基地外や民間居住地への外出を禁止した。昨年十月に発令した午後十一時から午前五時までの夜間外出禁止令の時間帯を緩和し、これまで禁止してきた自宅以外の基地外飲酒も時間を制限して認めた。(『琉球新報』二〇一三年二月十五日付け、http://ryukyushimpo.jp/news/storyid-202612-storytopic-11.html)

第二部　沖縄で生まれ、沖縄で生きる

祖母と幻想

　最近、私は大学ノートを片手に祖母の後ろをついて歩き、いちいち質問しては書きとめている。

「うれー沖縄口《うちなーぐち》っし、ぬーんでぃいみそーいびーが？」

　幼いころからついこの間まで、私はテレビや雑誌、学校の教科書といったマスメディアを通して「中央」から送られてくる世界にとても憧れていた。憧れるどころか、それこそ真実であると確信していたのだ。そこはきれいでかっこよく、洗練されていた。それに比べて私のいる日常生活はほこりの舞う、汚くダサく遅れているところだった。

　私はその憧れの世界へ行ってみたかった。そしてそこの住民になりたかった。だからそんな世界を探しに出かけたのだ。しかし、そんなものはどこにもなかった。あるのは同じようにほこりの舞う日常生活だった。

　しかし、そこで出会ったのは、生きている誇りと尊厳に満ちあふれた人々であった。私にとってそれまで見えない存在であったが、私は彼らに強く魅かれた。そして、これまでの己れを振り返ってみるとそこには空虚な暗黒の空洞がひろがっていた。

人間としての品性を高めたり磨きをかけたりするためには、生ま生ましくも崇高な努力が必要となろう。しかし、それは私がしてきたようなマスメディアによる幻想を追い求めることでは決して成し遂げられるものではなかった。

日常生活に実在する肉体と幻想の空間を浮遊する思考の乖離。私にとってそれをのりこえ人間存在としての自分を確認するために始めた一つの試みが、祖母の言葉を覚えるということだった。マスメディアからもたらされる言葉ではなく、これまで私を愛し育んでくれた実際に隣にいる人の言葉。それは旅で出会った人々と同様に生命力のある力強い威厳を伴っていた。

私はその言葉のリズムを体の外側に常に聞きながら育ってきた。そのリズムに改めて自らを沈め再び浮かび上がらせるとき、私は何かを自分のものとして内側から発せるようになるかもしれない。それはただの模倣や学習、継承というより自分自身の創造なのではないか。

換言すれば、単なる記号としての言葉を学ぶのではなく、かつてこの地この空間に実在してきた人間の喜びや悲しみ、やさしさ、友情に思いを馳せ、人間の生きることのできる無数の生き方を想像することなのである。そこにはきっと、幻ではない生の人間が見えてくるだろう。

ところが、次のような祖母の言葉にぶつかった。

「こんな昔の言葉を覚えてどうするの。これからの時代には通用しないでしょう」

私と祖母の間には「これからの時代」という大きな壁があり、二人を隔てている。まるで両者が異なった時代段階に属している別の種類の人間であるかのように。確実なつながりをもってきたはずの二人が実は分断された存在であるというのは足元が崩れるような不安を感じる。おそらく祖母だってそうではないか。

そういう不安をごまかし、私たちを安心させてきたのが、「これからの時代」という考え方なのではないか。これだと両者の断絶は仕方のないもので、祖母は滅びるべく存在であり、私はただこれからを生きるのである。では、私たちがいまこの瞬間、同時に生きているという事実はどうなるのだ。

生活文化、町・自然の風景が最近急激に変化している。そこでも猛威をふるっているのが「これからの時代」という考え方だ。これはまるで怪物である。すべての不安や疑問、異議申し立てをたちどころに食ってしまう。そんななかで前代までの人々と分断された「これから」の私たちはどんな人間になっていくというのだろう。殺菌、密閉されたプラスチック容器の中に入れられ、きれいに包装されたあげくコンクリートの上に置き去りにされる気がするのは私だけか。

一体全体そういう時代とは何なのか。いつ始まるのか。いつ終わるのか。すべてが曖昧模糊としている。もしかしたら、私たちは目隠しをされたまま幻想に取りつかれ、踊らされているのではないだろうか。踊り疲れて気がつけば暗黒の谷間へ落下、ということにはならないだろうか。

幻想を幻想と知り、それを断ち切り、確固とした人間存在としての自分を取り戻すための一つのきっかけは、この地で人々が誇り高く威厳をもって連綿と生きてきたという事実をまず認めることなのではないだろうか。

だけど「愛」は泣いている

「沖縄」と「日本」を越える――解放できない意識を見つめて

1

Mさん、お元気ですか。こちらでは梅雨の合間の日射しに夏の気配を感じています。東京の春夏秋冬はそれぞれに楽しんでいますが、夏のはじめというのがわたしは最もワクワクしますし、同時にほっとします。寒くなるのを心配しないですむから、とでもいうのでしょうか。

お手紙ありがとう。わたしもあらためてこれまでの二人の関わり方を思い出しましたが、それには、一つの転機があったと思いませんか。それは、Mさんが大学を卒業して沖縄で生活するようになり、それまでキャンパスで語りあっていたわたしたちが、沖縄で会うようになった頃です。わたしはまだ、東京で大学に通っていたため、わたしの帰省のときのことですが。

それまでのわたしたちは、Mさんの言う通りまさしく「沖縄と日本」という二分法のなかの存在でした。（この二分法にも、沖縄県と日本本土、ウチナーとヤマトゥというように日本のなかに沖縄を含める考え方と、含めない考え方があると思いますが、わたしは後者の意味で用いています。）

わたしにとってその二分法は、もともとあったというより、むしろ東京での学生生活で強められたといえます。なぜなら、文化や生活風習、気候の異なる土地で、しかも、それまで経験したことのない群衆のなかに身をおき、わたしは周囲が自分にとって異質であること、自分が周囲にとって異質であることを認識するに至りました。そして、そのような生活に伴う孤独や不安、同時に面白さのなかで、自分を見失わないように、わたしはその二分法による「沖縄人のアイデンティティ」にしがみついたのです。

それは実際、一定程度その役割を果たしました。しかし、しばらくするとわたしはこの二分法による壁にぶつかりました。それはまず、日本（人）の友人たちとの友情をめぐってです。

わたしは学生生活のなかで、親交をもち、問題意識を共有し、叱咤激励しあう仲間たちを得ました。でも、わたしはどんなときもその人たちに少しだけ距離を保っていました。Mさんも指摘したように、沖縄（の人）と日本（の人）は所詮理解しあうことはできないというあの二分法がそうさせたのです。わたしは、友人たちがとても好きだったのにです。理解しあうことが本当にできないのかどうかを試してみることもなく、わたしはただそう思い込んでいました。その二分法のために、心を許すことができないでいることを友人の誰一人にも打ち明けられませんでした。友情が成立するためにはお互いが自分をさらけ出しあって、衝突したり共感したりすることを通して、認めあい理解しあうという面倒臭くて、しんどい手続きが必要ですよね。それをわたしはその二分法に逃げ込むことで避けていました。その一方で、友人たちの信頼を裏切っているという自責の念で苦しんでいました。Mさんに対してもそうでした。

また、わたしは自分の東京での体験から得たものを、二分法によって肯定的にとらえられずにいました。異郷での生活の面白さと不安の両方を知ったこと、大学で学んだこと、そして、それらによってわたし自身が変わり、成長したことを、たんなる「日本化」（いわゆる「ヤマトゥかぶれ」）なのではないか、と。

沖縄と日本に友人をもち、両方の地での経験を通して自己形成をしているわたしは、そんな自分をその二分法でとらえようとする限り、いったい何者なのかが逆にわからなくなっていきました。ちょうどその頃から、沖縄でMさんと語り始めたのです。場所が変わり、学校という枠から離れたこと、また、新生活のなかでの戸惑いを抱えるMさんとこのような状態のわたしとが向かいあったことで、二人の話題は「自分のあり方」という視点でのより切実で、深刻なものとなりました。

二人の対話は当初それほど容易なものではなかったと思いませんか。混乱している自分をぶつけあうだけのときもあったのではと思います。しかし、語りあうことを続けていくうちに、互いに相手が、そして自分自身が見えてきたような気がします。言い換えれば、話すときの主語が「日本は～」「沖縄は～」から確実に「わたしは～」へ変わっていったのです。

わたしにとってMさんは「沖縄と日本」に引き裂かれたわたしを、どちらかの部分ではなく、まとまった一人のわたしとして受け止めてくれた人でした。逆に言うと、引き裂かれたわたしを、引き裂かれたまま、一人の生身のわたしとしてぶつけられる相手がMさんだったのです。このような

Mさんとの二度目の出会いが、さまざまな要素をもちながらも統一された「わたし」を育んでいく出発点となりました。いまではあの頃よりも、自分のなかのさまざまな側面をのびのびと成長させることができ、しかも、それが「わたし」という人間で統一されているという充実感があります。

いま思えば、わたしの、二分法によるステレオタイプを自分にも他の人にも適用して考えるということは、けっして主体的ではありえないからです。そのような思考方法では、ある人の個性や、社会の問題の本質を見極めることもとうていできないでしょう。ですから、わたしはMさんの「二分法によって現実の問題の本質をとらえることが妨げられる」との考えに賛成です。

しかし、二分法を排除して見るべき価値として「両者に共通する側面」を提起するMさんの見解には、即座に同意しがたいものがあります。なぜなら、沖縄と日本の背後に巨大な政治力学的関係が存在する以上、無条件、無前提に両者の共通点を主張することは、政治的に沖縄が日本に取り込まれることに利用されかねないと思うからです。ですから、何のためにその重要性、必要性を主張しているのか、もう少し説明を聞きたいです。

ところで、わたしは沖縄の女の問題についてのMさんの指摘は適切だと思います。沖縄は日本とは違うから、女性への抑圧がないというのは、現実から目をそらさせるための神話だと思います。日本とは違う抑圧があるのです。いやむしろ、抑圧の構造という大枠からすれば共通する点も多いでしょう。

女性への抑圧（これは男性への抑圧でもあると思いますが、男性がそれに気づき、ともに解放されたいと思わないかぎり、女性へのそれに留まるでしょう）は世界じゅうの女を苦しめている問題です。ですから、女たちはそれぞれの国家、民族（エスニックグループも含めて）の特殊性、共通性、そして関係性を認識しあいながら、むすびつき協力してそれに取り組んでいくことが必要だと思います。日本の女と沖縄の女が手をつないでいくこともその重要な一歩です。

わたしはあくまで沖縄と日本とは別の存在だと考えます。しかし、それでも互いの異なるエスニックアイデンティティを理解し尊重したうえで、個人の間では友情も愛情も成り立ちうると信じています。

2

二十日間ほどの帰省を終えて東京へ戻ってみると、みんみん蟬が鳴いています。沖縄との行ったり来たりの生活を始めてからもう何年にもなるというのに、この鳴き声を聞くのは初めてです。いつも九月末まで帰省しているからです。

みんみん蟬ってとても趣がありますね。日陰にいるとき風が吹いてきて、そのうえその鳴き声が聞こえてくると、夏の終りを実感します。あんなに暑かったのがやっと涼しくなるという安堵感と確実に時は過ぎていくことを思い知らされる淋しさ、また逆に、新しくやってくる季節の予感にワクワクする気持ち。こんな複雑で微妙な思いをあの蟬は教えてくれました。Mさんは東京でみんみん蟬をどんなふうに聞きながら育ったのでしょうか。東京の季節の移り変わりについて目を輝かせて話してくれるMさんの様子を思い浮かべながら、そんなことを思ったりしています。

お手紙ありがとう。Mさんが沖縄で仕事をしている意味をどのように考えているかがよくわかりました。生まれ育ったところを離れて生活していると、苦しみや悩みにぶつかることも多いでしょう。そんななかでも己れをしっかり見つめながらがんばっている様子が伝わってきて、とてもうれしく思いました。わたし自身も励まされた気がします。心と身体を大切にして、これからもがんばってほしいと思いました。

ところで、その一方で実はなにか別の感覚もわたしの胸の中には湧いてきました。それはいったい何なのか。少し時間をかけて考えてみると、前回書いた手紙のさらに奥のほうに存在している自分を発見しました。次の通りです。

Mさんは、わたしが抑圧の構造という点では共通する沖縄の女と日本の女が手をつないでいくことの可能性と意義を自ら語りながらも、Mさんの提起する沖縄と日本の共通性の話題になると急に身構えると指摘していますね。その指摘の通りです。なぜなら、わたしにとって「沖縄」「日本」「共通性」という言葉自体がすでに中立なものではないのです。それらの言葉が目の前に置かれただけで、沖縄もわたし自身も「日本」に吸い込まれてしまいそうな強い力を感じ、不安に陥ったのです。そして、さらに正直に言うと、それらの言葉を日本人であるMさんが口にすることで圧迫感が強められたように思いました。沖縄と日本の共通性や連帯のことを自分で言うことはできても、日本の人に言われると抵抗を感じてしまうことに気がつきました。

なぜこのように感じるかというと、わたしは自分の立場を劣勢ととらえているようなのです。そして、それに対応して、Mさんを優勢としています。ですから、優位にある日本人に「沖縄と日本の共通性」を言われると、日本主導のそれで、結果として日本に吸収されるような圧力を感じ、反発してしまうのです。

このような劣勢認識は、政治・経済・文化的に両者が決して対等ではない、歴史的にも圧倒的に支配的な構造からもたらされました。それは、日本＝正統・中央・多数・優等、沖縄＝異端・辺境・少数・劣等とするものです。

この構造による自らを劣勢とする認識は、わたしに「劣等感」としても内在化されています。わたしがよく思い出すのは、次のような体験です。

まず周囲の大人たちは「これだから沖縄はダメだ」というようなことをよく言います。また祖父に沖縄の言葉を教えてほしいと頼むと「汚くて役に立たない言葉だから覚えなくていい」と言われたこともあります。学校では、沖縄のことはほとんど教えられませんでした。教えられたとしても、成績評価の対象とはならない事項としてです。こうして、生まれ育った場所で身につけた価値観や文化様式を軽んじ、否定的に評価するようになっていきました。さらに、学校の教師は「(日本)本土の生徒はもっと頭がいい」と言うことで、わたしたちにもっと勉強するように告げました。しかし、わたしにはそれが「君たちは馬鹿だ」と言っているように聞こえました。また、成績のよい生徒は、競って(日本)本土の中学・高校へと進学していきました。彼・彼女らの行動は「このまま沖縄にいたら頭が悪くなる」と考えているためだと、わたしには感じられました。このようなことから、沖縄は知的にも二流なのだと思うようになりました。

そうして、日本にのしかかられ、己れ自身を否定するほどに誇りを失った人たちが、「わたしたち」で、そのわたしたちの上に君臨するのが（政府官僚、政治家、市民の区別なく）「日本の人たち」であるという感覚が定着していきました。そして、どうしたら誇り高く、堂々としたわたしたちになれるのだろうか、という思いが強くなっていったのです。

あの支配的な構造のなかで、生来の自分として伸び伸びしていられない、つねに脅かされているという感覚をわたしはもっています。だからこそ、何ものにも従属しない、はっきりと独立した対等な存在として尊重されたいという強い気持ちがあります。何年かの東京での生活で、日本の人、沖縄の人を問わず、等身大の生活者同士としての共感を知りました。でも、そのことは、「だから沖縄も日本も同じ」という結論にはなりません。「沖縄と日本は別だ」と言ったのはこういう文脈です。

わたしは、構造にのみ込まれないような精神的したたかさが自分に足りないことを痛感せざるをえません。それが足りないために、構造の渦の中に落ち、それが内在化された劣等感の虜になってしまうことがあるのです。そして、そんなときは、「〜のひと」では括ってしまえない一個人の姿が見えなくなります。さらに、Mさんが言うような「だれが、いつ、どんな文脈でそう言っているのか」という冷静で慎重な分析もできなくなってしまいます。また、「沖縄」「日本」という、あまりにも自分に染みついた概念ももっと細かに再検討しなければならないとも思います。

しかし個人は、構造からそう容易には自由になれないのではないかと思います。自分を沖縄の人として意識すると、それに対応して、Mさんを、全人格的なMさんとしてではなく、日本に生まれてそこで育ったという部分を強調して日本の人として意識してしまうわたしがいます。今回、顔も見えず声も聞こえない手紙という形式で、二人で「沖縄と日本」について話しあうということになって、そういう意識が特に強められたように思います。

そういうふうに感じてしまう自分とはいったい何だろうか、そしてこれからMさんとどのようにつきあっていけばよいのだろうかと悩みました。そして、とにかく、語りあうことを続けるしかないと思いました。わたしのこのような感覚も正直に忌憚なく伝えるしかないと思い至りました。そうやってしか、本当の信頼関係は築けないのではないかと思っています。だからこんな手紙を書きました。でも、Mさんを、顔の見えない仮面をかぶったような「日本の人」としてたとえ一瞬でもとらえたことが、Mさんを傷つけてしまったのではないかと気懸かりです。また、手紙を出します。元気でね。

だけど愛は泣いている

康珍化作詞で小泉今日子が歌う『風のファルセット』というバラードがある。恋人への裏切りと愛情のはざまに立つ気持ちを綴ったものだ。次のような内容である。

たとえ一度の裏切りでも、それによってそれまでふたりで大切にしてきた宝石にはひびが入ってしまう。いつか彼がその過ちを忘れても、彼女はずっと覚えている。手をつながないで歩いた道で、もし肩を抱かれていたら、きっと泣いていただろう。その一方で「どんなときもあなたを求めている　愛している　信じている　この気持ちウソはないけど」と心を確かめる。でも、そのことで、悲しみを解消することはできない。そして、彼女はその矛盾する気持ちのどちらからも逃げずに、「だけど愛は泣いている」と歌う。

私は『新沖縄文学』の「女たちの往復書簡」シリーズに、日本人女性で沖縄在住のT・Mさんとともに執筆する機会に恵まれた。それは第九三号に「『沖縄』と『日本』を越える――解放できない意識を見つめて――」と題して掲載された。ところが、私はその題名になっていることを知らなかった。校正の段階で私に提案されていたのは、「二分法のはざまで」と『沖縄』と『日本』のはざまで」であった。その後、Tさんのアイディアを編集部が採用して決定したそうで、Tさんも決定については知らなかったそうである。私はその「～を越える」というタイトルに違和感がある。事前に知っていたら賛成しなかっただろう。なぜなら、それは私が先の原稿を書くことで行き着いた考えとまさに反対方向のものと思われるからだ。もちろん、題名についての決定権、編集権は編集部にある。そのことを十分承知したうえで、このタイトルへの違和感について書かせていただきたいと思う（なお、T・Mさんは題名についてのコメントを誌上ではあえて発表しない意向だそうである）。

私は往復書簡において、「沖縄と日本」という二分法に埋没させせられる個人を発見し、その個人同士が向き合う意義を確認した。そのうえで、その二分法を生み出している歴史的・政治的構造の意味に再びぶつかることになった。そして、あらためて次のような疑問を強く感じるにいたった。

一、「沖縄と日本」という構造を個人は果たして「越え」られるのか。
二、「越える」ということが、この問題の答え、希望、あるいは理想的展望の方向なのか。
三、「越える」といってしまうことで、回避、隠蔽してしまうことはないのか。

構造というものから、個人は自由になり、それを「越える」ことができるのだろうか。日本が沖縄の上に重くのしかかっている状態は続いている。最近、沖縄には日本に対して「劣等感」を抱かない若い世代が出てきている、といわれている。しかし、その構造を内面化する人の有無（沖縄でも、日本でも）にかかわらず、構造は厳然として存在している。劣等感、優越感がないから構造もない、というわけではない。

また、沖縄の問題とは、日本（ヤマトゥ）との関係のみではない。近代以来では、特にアイヌ民族や、台湾、朝鮮、南洋群島などの旧植民地との関係も含めてとらえるべきである。沖縄は日本（ヤマトゥ）に抑圧されながら、それらを抑圧するほうに加担することで自分の存立を支えてきたとはいえないか、という疑問があるからである。アイヌの人々や旧植民地の人々の視点から、沖縄人としての歴史的存在の己れをどのように受け止めるべきかを考えるとき、私には「越える」という言葉を口にすることはできない。

しかし、一方で、私は実は「越えたい」とも熱烈に思っている。その理由は非常に単純で、差別、抑圧を受けること、不信の刃を向けられることは自分自身が苦しいし、なにより、そういう状態に置かれている他の地域の人々の気持ちを思うと肝苦《チムグル》サンからだ。立場の違いを「越え」て人々の苦しさ、痛みを理解したい、分かち合いたいと思うし、そのような苦しみが世界じゅうのどこからもなくなってほしい、と願う。しかし、いくら私自身が肝苦《チムグル》サンからといって、そんなことが本当にできるのだろうか。容易にできるものなのだろうか。それはもっと複雑で深刻なものではないのか。できると思うこと自体が、傲慢で軽率で性急なのではないか。

このように「越える」ことの難しさを思うと、それが答えとして成立するのか、という疑問も生じてくる。

「越え」たくない、といっているわけではない。絶望しているわけでもない。しかし、いま、「越える」といってしまうのは、人々をつなぐ、信頼や友情、愛情をたやすく分断してしまう現実の厳しさを正視することからの逃避になってしまわないだろうか。それによって、そのことを隠してしまわないか。

だから、いまは、このように矛盾、対立、交錯、並立する、決してひとつにまとまらない思いを、どれからも逃げずに引き受け、現実のなかに立ち続けることを選びたい。方向性というものがもしあるとするなら、ここからしか見えてこないのではないだろうか。

冒頭に紹介した『風のファルセット』は侵略・抑圧者と被侵略・抑圧者の関係を歌っているとも解釈できる。「だけど愛は泣いているの」という歌詞には、侵略・抑圧自体への悲しみと、それを容易には克服できない悲しさ、そして、しかし両者間に「愛」を育んでいきたいという意志、これら簡単には調和しない思いを担おうとする勇気が表現されているのではないだろうか。

沖縄の「日本復帰」後に育つということ

復帰当日、五歳の私はいつもどおりガムを買いに行った。それまでは一セントだったので、新しいお金でも一円玉を持っていった（沖縄の「日本復帰」によって、使用通貨がこれまでの「アメリカドル」から「日本円」へ替わったのだ）。すると店の人は言った。

「こんなもので何が買えるか」

ガムの値段は一〇円になっていた。私は恥をかき、思った。

「復帰したら人の心も悪くなった」

たぶん、周りの大人たちの口癖だったのだろう。

小学校にあがると、教科書の登場人物はみんなヤマトゥンチュだった。先生が作った沖縄用の資料はダサく見えた。社会科の統計資料には必ず「沖縄県は除く」とあった。地図帳にも沖縄は載っておらず、配られた沖縄の地図をのりで貼った。世界はアメリカと日本でできていて、沖縄はなかった。副読本の『沖縄県の歴史』を読んだら、沖縄が日本に裏切られてばかりなのがわかった。

「だったら、もう日本やめればいいのに」

と思った。給食では日本製のマヨネーズがまずくて閉口した。アメリカ製のに慣れていたから。

でも日本国憲法（前文、九条、基本的人権）は好きで、日本ってきっといい国なんだろうな、と思っていた。沖縄に冷たい国、理想的な憲法の国、こんな矛盾した日本観だった。

中学生のころ、交通方法、つまり車の通行方向がアメリカ式の右から日本式の左へ変わった（一九七八年。「ナナサンマル」と呼ばれた）。当日、友だちと部活をさぼって市内見物に出かけた。父は「いつもこうやって沖縄が日本に切り捨てられるんだ」と、車と運転免許証を捨てた。終生、車を運転しなかった。

高校に入ってアメリカへ短期留学した。行きの飛行機の中で沖縄から参加した私たちに向かって、「本土の高校生」がにやにやしながら言った。

「日本語上手ですね」

そういえば、中学生のときも「本土の中学生」に同じように言われたことがある。

アメリカではホストファミリーに沖縄の歴史を説明しながら

「だから私はジャパニーズだけどジャパニーズじゃないっていうか……うーん、その……」

とつまっていると、そこのおばあさんが言った。

「つまり、ジャパニーズじゃなくて、オキナワンってことね」

アメリカから帰ると受験勉強が待っていた。小学生のころから、教師は「本土の子」と比べてはっぱをかけていたし、「本土の大学に合格するのが勝者」という高校だったので、私も懸命に勉強した。

志望の東京の大学に合格したときは泣いた。

「ああこれで、私もやっと『普通の日本人』になれた」

との安堵だった。それから、私はあのときなぜそんなことを思ったのか、そう思わせたのはいったい何なのか、を考え始めた。

大学では「沖縄研究」の科目もあって沖縄について話すことが奨励された。私もどんどん話した。注目されるのはうれしかったし、勉強にもなった。でも、どんなに話しても「日本の眼差し」で語られてしまう沖縄はどこか違っていた。そして、いつもうっすらと、私は所詮、圧倒的多数のヤマトゥンチュ学生のための教育材料ではないか、周囲の期待する沖縄人を演じているだけではないか、との疑問があった。沖縄での体験談を話すのは喜ばれたが、意見や主張をすると「極端な琉球ナショナリスト」と陰で言われた。

私は二つの大学を卒業したが、どちらでも、教師や学生に
「沖縄からこの大学に来るなんて、あなたはよっぽど優秀なのね」

と言われた。最初は褒められた気分だったが、その後
「いえ、沖縄人はみな頭いいですから、普通ですよ」

と答えるようにした。日本生活に慣れてくると、日本は子どものころ憧れた憲法の国ではなく、

「戦前」が続く国だとわかってきた。

「沖縄人は日本のことを気にするのに、なぜ日本人は沖縄のことに無知なのか？　沖縄人をこんなふうにしたのは日本なのに、なぜ日本人は責任を取らないのか？　沖縄人は歴史上の怒りや屈辱も

自分のなかに生きているのに、なぜ日本人は『自分が直接したことじゃないから』と言えるのか？そんなのフェアじゃない」

と言う私に、韓国からの留学生曰く「それが植民地よ」。

結局、東京に一五年ぐらい住んで私は沖縄に帰った。東京には友だちや懐かしい場所、お気に入りの喫茶店もあったが、子どもを産んで育てるのは沖縄でと思ったから。日本ふうの身体の動かし方や話し方も身につけたが、そういう自分を子どもに見せたくなかった。

しかし、帰った先も問題だらけだ。私は沖縄を出たり入ったりしながら、九〇年代に起こった、沖縄社会にのしかかる「日本の眼差し」を相対化し、自分たちの言葉で語ろうという沖縄の同世代による試みに関わっていた。しかし、それはこの一〇年で日本にほとんど回収され、消費されたといえるだろう。私たちが注目した眼差しの問題は、逆に沖縄の魅力として日本人に受け取られた。

いまや沖縄と日本の非対称的な権力関係を問う緊張もなく、日本に都合のいい沖縄を語ることが大流行だ。「沖縄が好き」とニコニコ顔の日本人に
「だったら基地を一つか二つ持って帰って」

と言うと黙られてしまうのが、いい例だ。

那覇に住む幼なじみが言った。

「ああ、もう仕事にも、基地や自然破壊に反対するのにも疲れた。癒やされたい。私も癒やされに沖縄に行きたい。沖縄はどこ？」

日常生活のなかの軍事主義——ソウル国際平和会議報告

私たちの日常生活に軍事主義・戦争文化がどれほど浸透しているか。分科会では、戦争テレビゲームやおもちゃ、迷彩模様のファッションをはじめとして、日常会話にも戦争に由来する表現があることが指摘された。

日本語にも「企業戦士」、「受験戦争」というのがある。興味深いのは各国共通して、平和運動のなかにさえ「平和の戦士」「政府と戦う」「暴力との戦い」「戦略」などというのがあることだ。まず、このような言葉遣いを自覚的にやめるべきとされた。

次に、韓国からの参加者は、軍事政権と男性の徴兵制経験の社会へ与える影響の大きさを指摘した。例えば、男性の命令口調の話し方、女性差別の強化、少数者・異質な者への不寛容、など。ここで、私は日本国会の憲法調査会で、「これ以上フェミニズムが跋扈しないように、憲法九条だけでもまず変えて、軍隊を保持するべきだ」と主張した男性の大学教授のことを思い出した。

また、アメリカからの参加者は、男女が参加する平和運動のなかで男性による女性へのドメスティック・バイオレンス、性的いやがらせがあるという問題に取り組もうとすると、運動を盛り下げると反発を受けると報告した。これに韓国やフィリピンの参加者も同意した。被害を受けた女性を女性自身が支えることの大切さが確認された。

さらに、フィリピンからの参加者は、「北」の女性がどのように「南」の女性に敬意をもってつきあうか、という問題を提起した。沖縄は国際的にみれば「北」の日本国の一員であり、沖縄女性もこの問題に「北の女性」として責任がある。同時に、日本（本土）女性と沖縄の女性との間にも「北」と「南」と同様な関係性の問題があると思われる。また、沖縄内部でも那覇の女性と他地域、他島の女性との間に同様な問題があるのではないか。この場合、南北問題、経済格差や沖縄・日本の関係性の問題がからみ、より複雑に表われているだろう。

私が報告したのは、これまで沖縄の反戦運動を支えてきた「沖縄戦の記憶」が昨今歪められようとしていること、軍基地の本質を隠蔽しようとする「良き隣人政策」、平和・安全を経済問題にすりかえる「振興策」についてだった。

日本・湯布院からの参加者は、平和を人びとの共生、地域の自立と捉え、地域通貨に取り組んでいる旨を報告した。基地と引き換えの「振興策」から脱却した沖縄の将来像を考えるうえで参考になった。

たった一人では軍事主義という大きな力をはねのけることは確かに難しい。しかし、それにともに抵抗する具体的で小さな試みの積み重ねのなかで、しなやかでしたたかな文化を創造し続けていく重要性を実感した。

イラク攻撃が始まった

「いまアメリカ総領事館前に来てるんだけど、機動隊がたくさんいて、もみあいになったりして、もう情けなくて、悔しくて、涙が止まらない。早く来て」

（二〇〇三年）三月二十日正午前、友だちから電話があった。

行ってみると浦添市のアメリカ総領事館前は思ったほど騒然とはしていなかった。抗議の五〇人ぐらいとマスコミ関係者、そして、確かに機動隊。

その五日前、那覇市の目抜き通りである国際通りを端から端まで埋めた五五〇〇人のピース・パレードで私は中学生たちと「反対なら手をたたこう、反対なら態度で示そうよ、ほらみんなで、手をたたこう！」と歌って歩いたのだが、もうそんな歌を歌う気になれやしない。当然だ。

集まった人たちのなかで、最も沈痛な面持ちなのが一月にイラクに行った人たち。市民運動をやっている三三のグループや個人でつくる平和市民連絡会が、戦争反対を訴え、イラクの普通の人々と知り合うことを目的に一月十三日から二十一日まで七人をイラク・バグダットへ送った。またその少しあと、喜納昌吉さんたちのグループもイラクと全世界の武装解除をアピールしにバグダットへ向かった。

平和市民連絡会の七人を空港で見送ったあと、そのまま米総領事館前の歩道で訪問団が帰ってくるまで座り込み、「攻撃反対」をアピールした人たちがいた。ほとんどが女性で、うち二人は九日間断食を通した。座り込みに参加したのは延べ五〇〇人余。

イラクから帰ってきた人たちは写真やビデオを使って報告会を積極的に行ない、戦争反対を訴えた。でも、戦争は始まってしまった。総領事館前で、訪問団のひとり、牧師の平良夏芽さんは攻撃開始の日から九日間の断食の座り込みを始めた。他にも可能なかぎりで座り込みに参加する人がたくさんいた。毎日仕事帰りの午後六時から抗議集会がもたれた。集会にいつもやってくる公安のおじさんがイラクの子どもたちの写真を見て「う〜む」とうなった。毎晩一時二時ごろ、「戦争反対」とガッツポーズで叫んで通り過ぎる暴走族がいた。深夜二時ごろ
「私はもう帰りますけど、他の方たちはこのまま泊まりますので、安全を、どうぞよろしくお願いします」

と軽く頭を下げると、機動隊の人がにっこりと丁寧にお辞儀を返してくれた。

毎週金曜日、米総領事館前で普天間基地周辺に住む女性たちを中心に三〇人ぐらいの集りがある。戦争開始後の二十八日の金曜日は、雨のなか八〇人が来た。集会後、私と友達四人は、米軍人とその家族の利用が多い商業施設へ「戦争にいくな」のビラを配りにいった。同じように会社をあげてビラを米兵に配っている観光お土産業者がある。ここは店先にも「イラク攻撃反対」と掲げてあるし、反戦Tシャツもつくっている。あるとき、この会社がコザでビラを配っていると、ビラを読ん

だ二人の米兵が「私たちも戦争に反対だ。大統領を支持していない」とその裏に書いて渡したそうだ。

二十九日、断食の最終日、夏芽さんはいった。

「戦争を止められなかったのだから、これで終りじゃないよ」

三十日、北中城村石平の米軍司令部前で二〇〇〇人の抗議集会があった。中学生のグループがきて反戦の詩を読んだ。自分で「NO WAR」のステッカーをつくり一枚一〇〇円で売っている会社員の男性がいた。

三十一日から四月六日まで県庁前広場で座り込みがあった。夜はそこで寝て会社に通う男性がいた。署名するのに行列ができた。京都からという修学旅行の男の子たち二人が恥ずかしそうに「あのー、僕たちも」とやってきて座った。

どんな集会やパレード、座り込みに顔を出しても、イラク訪問団の人たちが熱心に取り組んでいるのを目にする。イラクで具体的に人と出会い、知り合ってしまったのはとてつもなく大きな責任を背負い込むことを意味する。イラクの人と具体的に出会えば出会うほど、自分たちは他に帰るところがあること、殺されないですみ、逆に、沖縄に米軍の存在を許している限り殺す立場になっている、というちがいを突きつけられるからだ。こんな重たく深刻な責任を彼らは誠実に本気で背負おうとしているように見える。

沖縄に米軍基地があるのは、「本土」の国民が日米安保に賛成しながらも、あるいは廃棄させられないにもかかわらず、基地を自分の近くに置きたくないと沖縄へ押しつけているせいだ。沖縄は加害者にさせられている。沖縄へ基地を押しつける者の責任を追及するとともに、基地を追い出せないでいるウチナーンチュの責任も引き受けなくてはならない、とウチナーンチュとして私は思っている。

イラク戦争の前、三月十二日、私は友達といっしょに国連の安全保障理事会に「イラクだけでなく、沖縄にある米軍基地へも査察団を送って大量破壊兵器の有無を調べ、あったら廃棄させてほしい」と手紙を出した。他の人にも呼びかけたら、一日半で六二三人の賛同が集まった。四月六日現在一六〇〇人余りが賛同してくれている。米英が戦争を始めて、影が薄くなってしまった国連だけど、「在沖米軍の大量破壊兵器を武力を用いずに廃棄させるために、査察団を送ってほしい」ともう一度要請するつもりだ。国連やアメリカがそれを無視すればするほど、そのインチキさの証拠となる（もう証拠なんていらないほどではあるけどね）。沖縄の無力さを力に変えられないだろうか。

私は時間と体力が許すかぎりいろんな反戦集会に参加するようにしている。そのうちに、いっしょに連れて行っている二歳の息子が覚えてしまって、「やんたい！　やんたい！　ころしてダメよ」と言うようになった。コブシを掲げるジェスチャーつきで。

子どもが戦争で死んだり、一生消えない身体や心の傷を受けたり、また兵士として銃をとるのも嫌だけど、言葉を覚え始めの子がこんなことを言っているのを聞くのも悲しい。

カリフォルニア日記２００３

五月二十一日（水）晴れ

はー。信じられないけど、いま、サンフランシスコ空港。本当に着くなんてね。出発の那覇空港では一便乗り遅れたり、乗り継ぎの関西空港では息子《いきぐわんぐわ》（二歳半）がトイレに一人で入りカギを掛け、出てこられなくなったり、といろいろあったけど、まあ、とにかく着いた。子どもたち《わらびんちゃぁ》は元気だし、連れあい《うとぅがなしぃ》（アメリカ人）は一年ぶりの帰郷にニコニコしている。実は、那覇空港からずっと米兵がいっしょ。休暇で（戦争の合間の？）本国（あっ、だったら、沖縄はやっぱり植民地？）に帰るんだろうね。機内は変なムードだった。とっても《でーじ》緊張した。かわいいお兄ちゃんたちなんだけどさ、この人たちが人を殺しているかと思うと……。サンフランシスコに着いたら、「普通」のアメリカ人の割合が増えたので、ほっ。あっ、でも、この人たちが戦争に賛成しているのか……、と思うとまた緊張が……。

五月二十二日（木）晴れ

私たちは夫の父親の家に泊まっている。サンフランシスコ湾の入口近い丘の上に建つこの家からは、正面にゴールデンゲートパークと住宅街、右手に広大な太平洋と砂浜が見下ろせる。波の音と汽笛が聞こえる。

去年亡くなった義父は、晴れた日によく望遠鏡で海を見ていた。一度、「今日はとてもよく晴れたから、遠くまで見渡せて、君たちのいるところまで見えそうだったよ」と手紙をくれたことがあった。

この風景の美しさと静けさに、この家で出会い逝った義父母を思い出す。

そして、私の生まれた島を。米軍の戦闘機やヘリコプターが住宅地を爆音とともに低空飛行し、ジュゴンの住む海に基地が造られようとしている、あの島。

この空は、沖縄へ、イラクへ、アフガニスタンへ、フィリピンへ、朝鮮半島へ、つながっている。

五月二十四日（土）霧

着いてすぐの頃、言葉が通じないことに苛立っていた息子がリラックスしてきた。周囲の人の反応を気にせず、堂々と自分の言葉、つまり、日本語と琉球語で話しているのだ。そして、英語で答える相手と結局はコミュニケーションできている。相手が彼の言葉を覚えようとさえしている。

えー、そんなこと、私、されたことないよ。

そうかー、英語話さなくてもいいのか。

我が子の堂々とした姿に、「国際化時代」の「異文化コミュニケーション」のための英語教育なるものを受けてきた母は、英語人に対してはこちらが英語を使わなくてはならない、と思い込んでいたこと、さらに、アメリカ人のように英語をしゃべれないから恥かしい、と思っていたことに気づく。

英語教育って何なんだろうね。英語多少使えるようになったけど、「支配秩序」とか、「劣等感」ももらった気がするな、私は。

五月二十五日（日）曇り

洗濯した。

地下の大きな全自動洗濯機に放り込《はんなぎ》んで《て》三〇分。次に乾燥機で三〇分。はい、できあがり。あっという間だ。

でも、こんなに簡単でいいのだろうか。

沖縄の自宅で洗濯をするときは、乾燥機を使わないので、お天気と相談する。空の色を見て、陽射しを感じて、風の匂いをかぐ。そして手順を考える。洗濯を始める、干す、取り込む、のはいつごろにするか、いつごろになりそうか。家の外の自然とつながって、そのなかで工夫する。

一時間で洗濯物が出来上がってしまうなんて、簡単すぎて、物足りない。便利なんだけどね。特にこの辺は霧がかかることが多いから。外になかなか干せない。でも、こんな生活が続けば、自然を気にする繊細な感覚とか手順を工夫する能力とか、退化してしまいそうで、不安だ。そして、微妙なことを

「ええい、面倒くさい」

と否定して、

「だったらもう殺してしまえ、戦争だっ」

とならないだろうか。

ああ、私はアメリカ社会のどんな側面でも、「なぜこんなに戦争してしまうのか」、の理由に求めてしまうんだな。

戦争に依存するアメリカ。アメリカに依存され、依存させられる、基地の島沖縄。

五月二十七日（火）快晴

沖縄から建築家の真喜志好一《まきしよしかず》さんがやって来た。空港まで迎えに行く。

真喜志さんは名高い建築家であるとともに、軍事基地に反対し、沖縄の自然を守る運動に熱心に辛抱強く取り組んでいる方だ。アメリカには相当怒《わじ》っているから、絶対行ったりしないと心に決めていたのだそうだ。それが、私たちが沖縄に建てる家の設計をお願いしたら、施主の思想を具現化するのが建築家の仕事だ、と施主のひとりである私の連れ合いの心の原風景を見たい、とやって来てくれた。

空港からの車中、真喜志さんにアメリカ本国（って、つい出てしまうのよね。やっぱり私はアメリカの植民地の人間か。そして、それは日本の植民地でもあって、つまり米日二重の植民地。はっしぇ、ウチナーンチュ、大変やっさー）の印象を聞いてみた。曰く、

「国が広くて、もてあましている感じ」

さすが、琉球國《るうちゅうくわおくう》建設親方《うぇーかた》！〔琉球国建設大臣〕。（「琉球独立派」の真喜志さんの名刺にはそう刷られている）私なぞ、「アメリカ広くてかっこいい、沖縄狭くてダサい」という発想がまだどこかに残っていて苦しかったりするのだが、そうでないところが、琉球國建設親方たるゆえんである。

五月三十日（金）晴れ

友人のウェスリー・上運天《うぇうんてぃん》さん（ハワイ移民三世のウチナーンチュ。現在、UCバークレーで学問修行中――当時。現在はサンフランシスコ州立大学助教授）主催で真喜志さんの講演会をした。

真喜志さんは、さまざまな資料を読み解くと、米軍にはそもそも普天間基地返還の計画があり、辺野古への基地建設はその交換条件などではなく、米軍がずっと以前からそこに欲していた基地をつくろうとするものだとわかる、と語った。そして、米軍が「太平洋の要石《かなめいし》」と呼ぶ沖縄から基地をなくして、「平和の要石」になりたい、と締めくくった。

すると、ある日本人大学院生の女性が挙手して言った。

「『平和の要石』というのはいいんですが、もっと現実的な戦略はないんですか？　沖縄に基地があるのは地政学的な理由なんですし、日本全体の安全保障の問題なんですから、沖縄だけ基地をなくすというのも……」

彼女はサンシンを弾き沖縄の唄を歌うのだそうだ。沖縄の人がイクサに傷つき基地に土地を奪われた苦しみや悲しみをのせて歌ってきた唄を、そう言いながら彼女はどう歌っているのだろうか。

私も思わず挙手をして発言した。

「米軍は基地を置くのは日本のどこでもいいと言っています。だから、沖縄に在日米軍基地の七五%が集中しているのは地政学的理由ではありません。日米安保を支持するけれど、自分の近所には基地を置きたくない、という圧倒的多数の日本『本土』の国民が沖縄に基地を置くことを選択しているのです。『本土』の国民はそのことを自覚して責任をとるべきなんじゃないですか」

それまで指先でペンを振り回していた彼女は肩を落とし、組んでいた足も崩し、「傷ついた」表情を見せた。アレレ、反論される準備はなかったようだ。

六月三日（火）曇り

真喜志さんは沖縄へ帰った。

一週間、真喜志さんといっしょにいろんなものを見て話した。

最初の夜、ワインを飲んで真喜志さんはつぶやいた。

「えー、アメリカよー、あんたたち自分は幸せでイラクの人はどうなるわけー、と言いたいんですよね」

浜辺を散歩していたとき、私は言った。

「こんな美しいところを見れば見るほど、沖縄のことを思って、憤ってきて《わじわじーして》、私、苦しいんです」

真喜志さんは低い声で
「うん」

と答えた。怒り、悲しみ、苦しみの混ざった強い感情を抑えているような顔だった。

サンフランシスコ市内にある百年前にできた住宅が並ぶ美しい通りで、真喜志さんは息を吐くように言った。

「自分の土地で戦争がなかった国はいいね。サンフランシスコの子どもたちはここを通ると（これらの建物を見て）、サンフランシスコの百年を獲得する」

何日目かの夜、ちょっと酔っぱらって、こうも言った。

「ぼくはアメリカの人になんと語りかけたらよいかとずっと考えてきました、ぼくは言いたい。『皆さんは幸せにお暮らしのようですね。私も幸せに暮らしたいのです』と」

一方、周囲のアメリカ人の多くは、真喜志さんがアメリカに建築を学びに来た、と思っていたようだ。ある人などは
「彼はアメリカに来たがっていたんでしょう。建築家として、世界を学ぶために」

と私に言った。私が大きな声で
「え？　何？　『世界』？」

と聞き返すと、

「あっ、ええっーと、『世界の一部』」

と言い直した。そして私が、

「学ぶか学ばないかは本人が決めることじゃない？」

と言うと話題を変えた。

真喜志さんの作品集を見た人はそういうことを言わなくなったが、不思議である。なぜ、アメリカに来ることは、学ぶためだとアメリカ人は思っているのか。真喜志さんはアメリカに学ばなくても、すでに偉大な建築家であるというのに。

真喜志さんがアメリカにいてずっと考えたことと、このアメリカの人々とのギャップはどう埋まっていくのだろうか。

六月四日（水）晴れ

ヨセミテ峡谷へ。

昼食で訪れた田舎町は星条旗であふれていた。この町に限らず、通り過ぎた町はみな星条旗だらけだった。他にないので、星条旗の飾られたレストランへ入った。

連れ合いは、学生時代スキーに行く途中寄った懐かしの田舎町の変貌にショックを受けていた。

私は店に飾られていた「We support our troops. Pray for peace.（私たちの軍隊を支持します。平和のために祈りましょう）」の看板に衝撃を受けていた。「この人たちは、その troops が実際何をやるものなのか、本当にわかっているのだろうか」と沖縄戦のことを思い出していた。もしわかったうえでそう言っているのなら、犠牲者がもう一度殺されたようなものだ。おそらく、戦争の実相を知らず、ただかっこいいと思っているんだろう。知らないことは暴力であり、攻撃なのだ。

気分は沈むばかり。沖縄に軍事基地がある限り、私もそれに手を貸しており、同時に、私自身もその暴力や攻撃の標的になっているから。

六月七日（土）晴れ

無性に本が読みたくなって、ジャパン・タウンの紀伊國屋ブック・ストアへ。身体から日本を追い出したいのに、本を読みたくなると日本語なのだ、英語も日本語もいや。それなのに、私の身体は日本語化されている。こんな私にしたのは誰？

トニィ・モリスンの『青い眼がほしい』（早川書房）を買って帰った。

沖縄人のまなざし

祖母の目

今夏九五歳になる祖母[★1]は沖縄民謡とテレビドラマが好きだ。ドラマを見るのは「遊び」ではなく、「日本文化研究」であり、ヤマトゥンチュの考え方がわかって興味深い、と言う。

祖母は首里の宮大工の家に生まれた。子どもの頃は父親といっしょに、戦争で破壊される前の首里城や識名園に出入りしていた。復元され、世界遺産になった現在の首里城の写真を見て、正殿前の龍柱の向きが違うと言う。それが正しく正面向きに直されるまでは、絶対に首里城には行かないそうだ。

あるとき、私が知人を紹介したら、あとで

「あのヤマトゥンチュはおまえを利用しようとしている。そんなこともわからないのか」

と激しく叱られた。そのとき私は怒ったけれど、後日、残念ながら祖母の正しいことがわかった。

生後二週間目の私の赤ん坊の顔を見て、即座に

「この子はウーマクー（沖縄の言葉で「他人の目を気にしない意志の強い人、腕白」の意）になる」と予言し、その性格にふさわしい童名《わらびなー》を琉球語でつけてくれた。現在三歳半のその子は、道行く知らない人でさえ

「はっしぇ（あぁ）、この子はウーマクーだね〜」

と私に声をかけるほどだ。（追記：まあ、三歳半でウーマクーなのはあたりまえかもしれない。問題なのは将来である。）

祖母は寝たきりとなり、話さなくなった。でも、介護する叔父や叔母たちのおかげで、今日も元気にベッドの上で「日本文化研究」を続けている。昨今の沖縄ブームのドラマの感想を直接聞けないのが残念だけど、たぶんこう言うだろう。

「ふん、沖縄人をバカにするな」

私は祖母を「おばあ」と呼んだことはない。

★1　二〇〇四年当時。その後祖母は二〇〇九年に亡くなった。

沖縄に来る人

沖縄には日本（本土）から年間五百万を超える人が来るそうだ。

バニラシェイク色の手足、日焼けではれた皮膚、半ズボンからむき出しの足に揺れる黒いすね毛。赤い唇。細い目。なまりのある大きなうわずった声。目深にかぶる帽子。日傘。サングラス。雑誌にのってる服。アイロンのかかったシャツにズボン。ノーネクタイ。肩の落ちたアロハシャツ。握りしめたガイドブック。カメラ。おどおどして同時に傲岸な目つき。組んだ足。発音の違う琉球語。台風が来ると怒る。曇ると怒る。交通マナーを守らない「わ」ナンバー。勝手に子どもの写真を撮る。葬式の写真も撮る。

「沖縄が好き。癒やされる」

どこにでも入れる魔法の無料チケットみたいに言う。

いつも思うのだけれど、この人たちは沖縄から帰ったあと何をしているんだろう。

「ねえ、どうしているんですか？　沖縄から帰った五百万人が国会議事堂に直行して座り込めば、沖縄の基地は一挙になくなりますよ。沖縄が好きなんでしょう。基地をなくしてくださいよ。そしたら、もっといい沖縄になりますから」

何回か聞いてみたことがあるけれど、みんなシーンとなってしまう。

「沖縄が好きなら基地を一つずつ、持って帰ってもらえませんか」と言うときもそう。まさか、基地のある沖縄が好きなのか。もし、基地があるのがお好きなら、ますます、どうぞ、御自分のところに、テイクアウトでお願いします。

日本国憲法改正案

胸に9、背中に条文、の九条Tシャツを着て、私は言う。

「はっ、九条?」

九条なんて沖縄に一度も適用されたことはない。沖縄に軍事基地をおしつけて、「本土」で九条と一条が成立したんでしょ。最初からないものをどうやって、守ったり、捨てたりできるというの? 九条と基本的人権の保障を求めて、沖縄は日本に「復帰」したそうだけど、その時点ですでに「復帰」への反対運動はあり、三十二年たっても九条は実現されない。

でも着るのは、九条を信じて求めて裏切られてきた親たちへの愛情だ。九条は沖縄の願い。九条がちゃんと適用されたら、沖縄は基地から、戦争から解放される。確かに、これまで日本の交戦権で人が殺されず、九条は希望として人々を支えてきた。でも、日本社会はその九条を本格的に手放そうとしているそうだ。本当? 本気? もし、そうなら、ここらで沖縄人も憲法改正案を考えた方がいいのかもしれない。こんなのはどうだろう？

改正案第一〇四条　日本国からの都道府県の独立

一　日本国からの独立は、その都道府県議会の総議員の三分の二以上の賛成で、その議会がこれを発議し、その都道府県民に提案してその承認を経なければならない。この承認には、特別のその都道府県民投票又はその都道府県議会の定める選挙の際行はれる投票において、その過半数を必要とする。

二　都道府県の独立について前項の承認を経たときは、その都道府県の長は、その都道府県民の名で、直ちにこれを公布する。

沖縄で子どもを育てる

生きてみるととっても大きい

子どもを保育園から迎えた帰り道、りんごジュースを買う小さな商店《まちやぐゎー》がある。五〇年そこにある店の女主人は八一歳。私の祖父母を知っていて、二〇年前に他界した祖父のことを「ちゅらかーぎー（ハンサム）だったよね」と時どき言う。私のことは「おじょうちゃん」から「おねえちゃん」へと呼び方が変わり、いまでは「奥さん」だ。

私は大学入学以来一〇年余りを過ごした東京から九年前に、生まれ育った場所に戻り、所帯を構え、八歳と六歳の子を育てている。そして気づいたのは、地域という空間には、いま、目に見える一時《いっとき》だけでなく、人々の思いをのせたさまざまな時間が折り重なって同時に流れているということだ。

私は子どもたちにそのことを教えたい。自分のいる場所には歴史があること、過去はいまとつながり、そのなかで人は自分のいまを生き、未来ができること。この地で連綿と生きてきた人々の喜びや悲しみや怒りが、自分を守り育むのだと。

沖縄の日本「復帰」直後に学校教育を受けた私たちの世代は、「本土」を求めて沖縄を出ていく人が多かった。だが、戻ってくる人も多い。私もその一人だ。そんな私たちはPTA活動や地域の祭りなどで再会する。そして、私たちが小さい頃に「おじさん」、「おばさん」だった人は、地域の「お年寄り」になっている。

うちの子も含めて近所の子どもたちは、水族館の大きな水槽にいる魚のように、みんなであたりを回遊する。あの家、この家、車の入ってこない路地や駐車場、自分たちの場所があるようだ。ちらかったままの我が家にも、かれらはすーと入ってくる。何人かは私の幼なじみの子どもだ。私はこの子たちに沖縄の歴史や地域の伝説、幽霊話をする。まつわる場所を、いっしょに見に行くこともある。いまでは観光地や住宅地、道路となったその場所で、子どもたちは何かを感じ取ろうと、神妙な顔をする。

家の近くに、地域の祖神を祭る御嶽《うたき》がある。その奥に自然の洞窟があって、入口が黒くすすけている。沖縄戦で住民が避難中、米軍が火炎放射器で焼いた跡だ。二年前、隣の家が三〇年住んだ家を建て直したとき、沖縄戦の不発弾が出てきた。不発弾は沖縄に約二五〇〇トン残っており、全部を処理するのにあと七〇年、八〇年かかるといわれている。

一方、再開発の名のもと、子どもたちが学校へ通う地域の目抜き通りは、観光のための「琉球ランド」に変えられている。時どき、商店街の人が話しかけてくる。

「私たちの生活する町として取り戻すには、どうしたらいいんだろうね」

すると頭上を軍用機が轟音をたてて飛んでいき、私たちは空を見上げて
「うるさいね」

と言う。

重層的な時間に生きること、それを子どもたちに伝えることを、私は今年一〇〇歳になる祖母から学んだ。祖母は私が物心ついた頃からずっと私に語ってきた。戦争で破壊される前の美しい沖縄。幼なじみと遊んだ子ども時代。沖縄戦で失った多くの人々。話しながら、祖母はその時間も生きてきた。

そして祖母は、時計の針を時報から正確に四分、後ろにずらす。「沖縄と日本の時間は違うから」だ。琉球国が沖縄県にされて三〇年後に生まれた祖母は、「沖縄は遅れている」というせりふを侮辱だとは思わず、単なる時間の違いと受け取った。沖縄が侮辱されるべきでないことが至極当然、当たり前なのだし、確かに、沖縄と日本は違うのだから、時間も違うのは当然なのだと。しかし、なぜそれが四分なのか……。

夫の故郷のアメリカを訪ねた、ある夏のこと。親類と出かけたレストランに壁一面に世界地図がかかっていた。私は子どもたちに、これがアメリカだよ、と教えた。六歳だった息子が聞く。

「沖縄はどこ?」

私が指さしたのは、印刷ミスにも見える小さな黒い点。息子が叫ぶ。

「えー、こんなに小さいの、沖縄って。あんなに大きいのに」

すると四歳の娘がすまして言った。

「沖縄はね、地図で見ると小さいけど、生きてみると、とっても大きい」

植民地解放教育

しばらく東京に住んでいた。「普通の日本人」になりたくて行ったのだが、結局、私は外人だとわかった。外地出身の。そしたら自分の居場所が自分のなかに見つかったので、旅を終えて沖縄に帰った。するとそこには、

「日本人って、言葉は同じでも、言葉が通じない外人だよね」

と言う沖縄人がいた。

沖縄は日本の植民地だ。近代以来、日本が沖縄から主権をうばい、半世紀以上アメリカに渡し日米の軍事基地にしている。そんな歴史のなかで沖縄人が必死に生きてきた時間の積み重ねによる文化を「癒される」とさらに搾取消費する日本人がいて、それに奉仕するように沖縄の産業構造全体が組み替えられつつある。沖縄文化自体も日本（人）の視点で回収されようとしている。これはおよそ一〇〇年来続いていることだけれど、近年勢いを増している（なにか日本人はあせっているのだろうか）。しかしそれにのまれて私たちが日本人に同化したところで、平等に敬意をもって扱われることはない。歴史が証明したように、同化とは、他者の沖縄（人）像を内面化させられるものだからだ。

日本人は沖縄の島々を自分の「もの」だと思っているようだ。だから、軍事基地にも、癒しの島にも、移住地にも、する。もちろん、そんな日本人に呼応して利益を得ようとする沖縄人もいる。植民地とはそういう共犯者を必要とする。

植民地化をやめてくれないかな、と思う。そしたら私（たち）はもっと心穏やかに安らかに生きていけるから。

こんな私には八歳と六歳の子どもがいる。そして、そんなことを子どもたちに教えようとしている。「植民地解放子育て」である。しかし、子どもにとっていいのか、悪いのか。将来、現実（おお、現実は将来まで続くのか）に適応できなくなり苦しまないか。いやそれでも、少なくとも、誰かにとって都合のいい人になって自分で自分の首を絞めたり、他の人も傷つけたりしないように、自分が何者であるかを知ってほしい。沖縄の「日本復帰」（あるいは施政権のアメリカから日本への移管、あるいは日本による琉球再併合）を五歳の幼稚園児のときに経験し、小学校入学以来日本国民化教育を受ける私は父に

「あんまり学校にいくと日本に洗脳されるから、時どき休め」

と言われていた。困った父ちゃんだな、と思っていたら、私もそんな親になってしまった。

沖縄の言葉や歴史を子どもたちに教えている。とはいえこちらも、同化教育の残滓。簡単ではない。私が必死に再獲得中の琉球語でしゃべっているのに、

「何を言っているのか、わからない」

と子どもが冷酷に言うことがある。そうなると、私はそれを日本語に自分で逐語通訳しながら二言

語で話したりして、変である。でも、その変さが現実なのだ。

　歴史文化教育でいまのところもっとも効果があるのは、琉球の幽霊話である。子どもの友だちもいっしょに近所の幽霊スポットを回ることもある。フィールドワークだ。

　最近、小二の息子は平和学習ツアーに参加し伊江島に行った。そして、「沖縄のガンジー」と知られる阿波根昌鴻さんがつくった平和資料館を訪ねた。時どき私にブーブー言われながらも戦いもののアニメを見ている息子はそこで、沖縄戦や米軍の演習による武器の残骸を見、神妙な顔で戦争と平和の話を聞いたそうだ。また息子本人によると、同時に、一〇〇歳になる曾祖母と以前いっしょに見た「伊江島《いーじま》ハンドゥー小《ぐわ》」という幽霊話の沖縄芝居を思い出し、平和学習中、その幽霊に会わないかも心配だったそうだ。

　こんな感じで「植民地解放教育」は進んでいるのだが、日本人は、それを「手伝」ったり、「指導」しようとしないでほしい。なによりも、植民地化しているほうの解放が進まなければ、それは終わらないのだから、日本人も自分は何者か、その歴史的、政治的立場、責任を子どもたちに教えてほしい。他者をむさぼらない生き方を選択できるように。私たちと対等に向き合えるようになるために。

ある春の日々２００８——植民地主義との小さなたたかい

二月一日　那覇市教育委員会にて那覇地区公立幼稚園園長会実践研究発表会。私は同区公立幼稚園

ＰＴＡ会会長として来賓あいさつ。司会の先生がずっと琉球語を使う。場内は拍手がおこったり、「too bachinai shimisooree（いいぞ、どんどんしてください！）」との声が飛んだり。壇上であいさつをする者もできるかぎり琉球語を使い始めた。もちろん私もそうすることにした。

司会は締めくくりに言った。

「地区ＰＴＡ会長の知念さんが『公立幼稚園会だより』に『沖縄の伝統、文化、言葉、歴史を子どもたちにちゃんと伝えてほしい』と書いたのを読んで、『yassa（その通り！）』と思いました。そのためにはまず自分が変わろうと、今日はウチナーグチで司会しました」

私は「おおっ！」と思った。

研修会後、私は廊下である教育行政関係者と話した。以前、私は新聞に次のように書いたことがある。

「幼稚園の卒園式で『♪桜咲いたら一年生』という歌詞が歌われるが、沖縄では桜は一月に咲き、四月の入学式ではとっくに散っている。これは同化教育ではないか」

前回会ったときこの人は反論してくれたので、今回は私がそれに反論しようとしたのだ。ところが、私よりこの人の方が先に言った。

「例の卒園式の歌のことですが、やっぱり、沖縄に合った沖縄の卒園式の歌をつくることにしました。いまチームをつくって作詞作曲中です。仕事は大変だけれど、これを考えているときは幸せっ！」

二月三日　小学校の学芸会。一年生の我が息子たちの出し物は歌舞伎（風ダンス）である。そういえば私が小学生のころは「ソーラン節」をやったなあ。ニシンを食べたこともないまま、ヤーレンソーラン歌って踊った。

六年生の出し物は「対馬丸」の劇。沖縄そば屋をやっているハトコ（母親同士が従姉妹）のtuji（ツレアイ）が隣に立っていて、言った。

「うちのお姑さん、子どものとき、疎開のために対馬丸に乗ったんだけど、船がちがうと降りて他の船に乗り換えて、その船から対馬丸が沈むのを見たんだって。とっても怖かったってよく言ってる」

小さい頃から知っているおばさんなのに、そんなことを経験していたなんて、知らなかった。

体育館の出口で小中高といっしょの友達夫婦に会う。いまや我々の子どもたちが同級生で、しかも近所の遊び仲間である。時代は回る。かれらにそば屋のお姑さんの対馬丸体験を話した（このmiitunda［カップル］も私のハトコも幼なじみなのだ）。すると、元同級生の彼が言う。

「ああ、うちの母親もそうだよ」

二月四日　子どもたちは学芸会の代休。若葉萌ゆるヒカンザクラが見たくて、nangushiku（名護城趾）に行った。前回、一番下から階段で頂上まで昇ったところ、膝は笑うは心臓バクバク。なので今回は、行けるところまで車で上がることにした。見渡すと日本人観光客が多い。はあ、沖縄じゅうどこに行っても観光客だ。

二月五日　『琉球新報』「忘れられない日」の取材を受ける。沖縄人が植民地化を強いられてきたことに気づいた日について話す。

二月七日　uchinaasoogwachi（沖縄正月）元旦。赤、白、黄の三枚の紙の上に餅と、昆布で巻いた炭と庭から取ってきたshiikwaasaa（シークワァーサー）を重ね、床の間に飾る。日本・西洋正月は制度化されているけれど、沖縄正月は「公」休日ではない。この時期、学校では〝節分〟の飾りつけをし、音楽を流し、豆まきもする。ま、我が家では正月を祝って、kwacchiiして（ごちそうを食べて）warabaataa（子どもたち）にお年玉をあげる。

二月八日　（正月二日目だというのに）娘の幼稚園の学芸会。私も人並みにと、場所取りをして三脚の上にビデオカメラを設置し、それとカメラで交互に撮影したが……。ナンギだった。来年はもうしないぞ。時間を止めることはできないのだ。何枚か写真を取るぐらいにして、心に残すことにしよう。

二月十日　友達からのケイタイメールで、米兵暴行事件を知る。一九九五年の事件から二年。あれからも毎年のように軍隊による性暴力事件は起きているが、このように大きく扱われて、あらためて、結局、基地をなくせていないことを実感。夜眠れず。

二月十一日　事件についてネットで情報収集。ブログなどで、被害者への中傷が多いのを知る。これは、被害者個人のみならず沖縄女性、沖縄全体への侮蔑だと感じる。声を上げなければ。

二月十二日　沖縄県庁の記者クラブにて、米兵暴行事件について「基地・軍隊を許さない行動する女たちの会」の高里鈴代さんや日本国参議院議員糸数慶子さんらといっしょに抗議の記者会見。私は「激しい怒りというより鈍く苦しい痛み」と心境を説明し、県や各市町村で取られている、英語を基地関係者が教えるなどの米軍との交流政策をやめるべきだ、と述べた。その後、沖縄県議会議員の比嘉京子さんがそれを議会で取り上げる、と言った。

二月十七日　沖縄県学力向上フォーラムに幼稚園PTA会長の義務として出席。壇上では文部科学省の学力テスト担当の役人が時折りふっと笑いながら言う。

「沖縄県は先の学力テストで全国最下位でしたが、あきらめてはいけませんよ。上にあがることもできるんです。今回トップだった秋田県だって、以前の順位は低かったんですから」

私は椅子に全身でもたれかかり、口を開けて寝てしまった。時々、膝の上においた資料がバサッと音をたてて下に落ちる。薄い意識のなか、こういう親がいるから沖縄の学力は低いんだ、と見られているんだろうな、と思いつつ、パネリストの謝礼はいくらかな、などと考えていた。休憩時間に「沖縄県の学力向上のために必要なことは何か」というアンケートがあり、「沖縄の歴史、文化、伝統、言語、をきちんと教え、自尊心を育むこと」と書いて、家に帰った。

二月十九日　米兵に配ろうと、ビラを書く。

「私たちは怒っている。あなたたちに守られ安全と思ったことはなく、あなたたちがいるからこそ怖い。これ以上、私たち、その母親、姉妹、娘たちの名誉を侮辱することは許さない。一日も早くアメリカに帰ってほしい」など。アメリカのオンライン雑誌『カウンター・パンチ』にも投稿。

夕方、北谷での米兵暴行事件に抗議する「緊急女性集会　危険な隣人は要らない！」に行く。私のスピーチは
「沖縄でどんなに声をあげようと、私たちは日本の民主主義のなかで少数派。本土の多くの人が基地を必要としているかぎり、沖縄から基地はなくならず、事件は続く。私たちは、本土の人、友人

たちに、『この事件はあなたが起こしたんだよ、責任とってよ』と言おう。そして、日米がどんなに沖縄に基地を置きたがっても米兵が沖縄に居心地悪くなるために、米兵にも『あなたたちは歓迎されていない』と言おう。そのために、私は米兵に宛てた英語のビラをつくってきた。日本語訳もついているので、趣旨に賛同する方はコピーして、米兵に渡して下さい」

ビラはあっという間になくなった。最後にスピーチした女性は言った。

「事情があって沖縄から北海道に引っ越したが、本土の美しい自然や環境が守られているのは、沖縄にたくさんの基地が負担させられているからだと実感している。こういう集会は本土でこそやるべきだ」

二月二十一日　新聞の朝刊に「米兵が沖縄市でフィリピン女性を暴行」と載っているのを見て、身体の力が抜ける。

午前八時十五分から、息子の通う小学校で本の読み聞かせ、私の当番、本年度最後の日。

『カウンター・パンチ』に投稿したビラが「すべての在沖米兵へ、沖縄女性からのメッセージ」と題して掲載された。

二月二十二日　娘の幼稚園での絵本の読み聞かせ当番、最後の日。その後ＰＴＡによるおやつ作り。チョコ蒸しケーキ、九十個。今日は朝からずっと幼稚園。本日、**jyuurukunichi**（旧暦正月十六日）で**gusosoogwachi**（あの世の正月）。ごちそうつくって仏壇に**usagi**（お供えし）ないといけないのだが、疲れているため、「ごめんなさい」とわびて、**gusoo**（あの世）にいる**uyafaafuji**（先祖）といっしょにふだんの夕食をとる。

二月二十三日　那覇女性センターで沖縄女性史研究家の宮城晴美さんによる「トートーメー講座」受講。沖縄における女性差別問題が単なる伝統的なものではなく、日本による沖縄の植民地化とからみあった問題だとわかった。

二月二十四日　パソコンを開けると、「すべての在沖米兵へ」への反響メールがいっきにドドッと三〇通ぐらい入る。賛同するものが半分以上だけれど、「おまえは差別者だ」「無知だ」「偏見だ」「売女」「日本人だって南京虐殺をしただろう」「日本人も罪を犯すのに、私たちの場合だけ騒がれるのはおかしい」「米軍がいなくなったら、どこかの独裁者に支配され、毎日強姦されるぞ」「中国や北朝鮮に侵略されても知らないぞ」などの怒りのこもった強い口調のものもある。在沖基地内から発せられたのもあって、屈強な兵隊に怒鳴られ、殴られている気分になる。社会全体の資料として、これらの反応を新聞に発表すべきだと思いながら、私が誰だか特定されたら、基地関係者に狙われそうで怖い。

二月二十五日　昨日に引き続き、へこんで、鬱状態。ＫＫＫ（クー・クラックス・クラン）みたいな一群が基地からやって来て、私を攻撃するイメージが湧いてきて、布団を頭からかぶって寝室で丸くなる。

二月二十六日　一人でいると恐怖のスパイラルなので、いっしょに反基地運動をやっているカマドゥー（普天間基地周辺に住む女性を中心としたグループ「カマドゥー小《ぐゎー》たちの集い」）で話し合うことにする。どうしてこんなに恐怖を感じるのか。それは、これが「占領される」ということだからだ。基地がつくられた経緯も、いまあり続けることも暴力で、沖縄の歴史のなかにいる私たちには日米に「殺された」記憶もある。私たちには常に暴力が突きつけられ、そしてそれはいま実際にイラクなどでも行使されている。

二月二十七日　那覇地区公立幼稚園ＰＴＡ会の運営会議。『沖縄タイムス』に連載中の「ウシがゆく」の原稿を書く。

二月二十八日　娘の幼稚園の保護者同伴の遠足。ちょっと遠めの公園まで歩いていく。つい、戦争中の行軍とか避難とかを想像してしまう。たぶん、考えすぎ……だよね。

二月二十九日　ここのところずっと胃が痛いので、意を決して胃カメラを飲むことにした。凍った麻酔薬を口に含み遠ざかる意識の向こうに、目取真俊さんによく似た医者が手袋をはめた腕をふり回してウォーミング・アップをしているのが見える。ああ、目取真さん、どうぞお手柔らかに……。

検査後、麻酔から覚めた私に、医師は開口一番

「ガンではありませんよ」

そこまで考えていなかったので、逆にショック。でも、結局、何でもなし。

夜、友人から電話が入る。米兵暴行事件の被害者が「そっとしておいてほしい」と告訴を取り下げたという。

「僕らが彼女の尊厳を守ろうと抗議をしてきたことが、逆に追いつめたのか」

泣いているようなつらそうな声だった。その夜また胃が痛み、よく眠れず。

三月一日　性教育に取り組むそら豆かずえさんから電話。彼女も被害者を守れなかったことに落ち込んでいる。一人でいるとつらいからとにかく会って話そう、ということになって出かける。

三月三日　那覇地区公立幼稚園ＰＴＡ評議員会。今年度の活動報告と来年度の総会に向けての議案作り。活発な議論でいい会議だった。これで今年度最後。久しぶりにほっとした。

三月四日　小学校時代の友達から突然のケイタイメール。

「急だけど、今晩会えない？　お酒飲みながら話したいことがある」

いったい何だろう。

「どうしたの？　何かあった？」

「うーん、聞いたら怒るかもしれないけど」

「え？」

「実は……」

「うん……」

「米兵暴行事件に deeji wajitoon（はらわた煮えくり返っている）」

先週末、彼女がサウナに入っていると、後ろにいた初老の女性が暴行事件の被害者を非難したらしい。そこで彼女は立ち上がって

「ちがいます。悪いのは百パーセント加害者で、被害者に非はありません」

と反論し、その後このおばさんとずっと oott（激論し）た。おばさんは説教を始め、サウナに険悪な湯気が立ちこめたが、彼女は最後までひかなかったそうだ。

被害者バッシングは、結局、沖縄の基地をそのままにしたい人がやっているのだと思う。沖縄に基地を押しつけ続けたい日米両政府。それを「支える」日本人。それと共犯する沖縄人。後ろめた

い自分を照り返す「被害者」という存在を封じ込めたいのだ。私たちはそんな話をしながら、時おり、サウナで健闘した彼女をたたえてビールで乾杯したが、それでもやっぱり、お互い、せつなくて、wajiwajiで、悲しかった。

三月五日　日頃「声がでかい」と注意されてばかりの息子が、その声量を評価され、「六年生を送る会」でのあいさつに抜擢された。その晴れ姿を応援すべく小学校の体育館に潜入した。すると、五年生の女の子が話しかけてきた。

「ねー、テレビ出てたでしょ」

「え？」

「ニュースに。北谷で米兵事件の抗議集会のとき、お話ししてるの映ってた」

「あー、あれ。うん、そうだよ。あの集会、行ったの。沖縄の女の子のことを守るのは大人の役目だからね」

その子は私の目をじっと見て、にっこり笑って「うん」と言った。そして友達のところへかけて行った。

「六年生を送る会」のあと、幼稚園に顔を出した。赤い段々に中世宮廷日本人をかたどった人形を置いた飾りの前で、ひな祭りと称するお茶会が終わったばかりだ。和装した茶道の先生が「茶道というのは、トータルマルチカルチャーで……」と話しているのを、ＰＴＡの保護者たちがかしこまって聞いていた。

しかし和装というのは、どうにもウチナーンチュの体格と顔つき、身振りにフィットしないような気がする。不思議なのは、琉球舞踊の先生たちが踊っているとき以外は和装することだ。琉装ではなく和装すべきだと、彼女らに最初に教えたのは誰だろう……。こんなことを考えている私の目つきが悪かったのか、終わった頃にやって来たのが「茶の心」に反したのか、私は茶道の先生ににらまれてしまった。ちょっと緊張したムードを察してPTA仲間の一人が言ってくれた。

「もう、知念さんよー、遅れてきてー。お茶おいしかったよー。もったいな〜い、飲み損ねたねー」

それなのに私はつい

「いいよ別に。おうち帰って、さんぴん茶飲むから」

と大声で答えてしまい、さらに、「和の心」に反したのであった。

三月七日　行きつけの喫茶店で **turubbatti munukangee** して（静かに思索にふけって）いると、ジュゴン保護運動に取り組む名護 **nchu**（人）の友人がやってきた。

「**iyee miiduusanu**（おお、久しぶりだね）」と互いの近況報告をしたが、私は、米兵への抗議ビラをネットに載せたはいいが、その反響で怒りのメールも舞い込んで、**uturusanu ucchintoo soon**（怖くてへこんでいる）と言った。

アメリカ留学生活の長い彼は

「ああ、そういう脅迫メール送る奴っているんだよね」

と、さっぱり言って、ガハハと笑った。私はなにかストンと落ちたような気分になり、米兵ビラおよびその反響についてやっぱり公表しよう、と決めた。

三月九日　高里鈴代さんの事務所「すぺーす結」で、米兵暴行事件に関する座談会に呼ばれて参加（「座談会　根源を断つには、基地問題に、どう立ち向かうか」「あごら」三一七号、二〇〇八年三月二十日）。司会は桑江テル子さん、発言者は親川裕子さんと友利真由美さんと私。その後、高里鈴代さん、安里英子さんら「基地・軍隊を許さない行動する女たちの会」のみなさんと、意見交換し、今後どういう運動をしていくべきか、など話し合った。

三月十一日　幼稚園でＰＴＡ主催のお弁当バイキング。各家庭から園児のお弁当箱一つにおかずを一種類つめてもち寄り、それを私たちＰＴＡ役員が盛りつけし、ホテルのビュッフェのように仕立てる。子どもも先生も興奮して食べる食べる。いつもは食の細い子もたくさん食べたし、十五回お替わりした子もいた。初めての試みだったが、大成功。昼食後、ＰＴＡ室に保護者が集まり、卒園式に園児の胸に飾るコサージュを作成。

三月十二日　幼稚園ＰＴＡ評議員会。十八日の卒園式前に行なうＰＴＡ総会の打合せ。昨日のお弁当バイキングの余韻のなかで和気あいあいと進む。

　子どもたちは卒園式の練習で依然として「♪桜咲いたら一年生」と歌っている。教育行政関係者の「沖縄の卒園式の歌をつくる」という「野望」はまだ果たされていないようだ、そこで私はＰＴＡの仲間たちに相談し、沖縄では桜はもう終わっているので歌詞を「♪四月になったら一年生」に替えるのはどうか、と先生たちに提案することにした。主任と園長のところに行ったら、ＯＫであった。

三月十三日　しばらく前から、幼稚園ＰＴＡのお母さんたちはみんなでチョキチョキ、薄いピンクの色画用紙を切り抜いている。桜の花と花びらの型をたくさんつくって、卒園式の会場を桜吹雪に演出するつもりなのだ。「三月卒業式、四月入学式、桜」というのが日本におけるあるべきイメージであるのなら、日本であるはずの沖縄でそれがないなんて疎外感をもつ。というのが、沖縄の「日本復帰」後に学校生活を送った私の「実感」で、他のお母さんたちも同じなのだろう。ならば、我が子には与えたい、というのも親の愛情なのだろう。

私はただ「沖縄はいま、ブーゲンビリアやツツジ、イッペー、イタジイなんかがきれいな季節だから、それもつくっていい？」と聞いた。すると、「ああ、それはいい考えだね」と言ってくれたので、私はピンク、赤、黄色、紫、黄緑色の画用紙を切り始めた。

午前中、一人で職員室にいるとき、主任と学級担任計四人の先生が私の前に勢揃いした。そして、「♪桜咲いたら一年生」の歌詞を変える必要はない、と言う。理由は二つ。まず、卒園後小学校の入学式にもこの歌を歌うだろうから、本園の卒業生だけが一部ちがう歌詞を歌うと、現場が混乱する。私は、この幼稚園併設の小学校の入学式では事前に歌詞がちがうことを説明すればいいのではないか、子どもたちには理解できる能力がある、と反論したが、そういう指導をする余裕はない、とのこと。そして、次の理由。

「入学式が桜というイメージは一般的なものになっていますから、変える必要はありません」

ガーン、ショックだった。私には「日本同化は沖縄ではもう一般的になっていますから、問う必要はありません」と言われたように感じたからだ。気持ちが高ぶったまま、私は言った。「私は復帰直後にこの同じ幼稚園、小学校で教育を受けましたが、それは自分が生きている沖縄の現実を無視し、東京・ヤマトゥ中心の思考を植えつけ、疎外感をもたせるものでした。三〇年近くたって、自分の子どもたちまで同じ教育を受けさせるわけにはいきません」

先生たちはただ黙った。私のこんな唐突な物言いは、「復帰」後生まれの先生たちには意味がわからず、(このお母さん、何、熱くなっているの?) というふうに見られたような気がして、悲しくなった。

三月十四日　卒園式の歌の件、もっと時間をかけて働きかければよかった、と反省。確かに、突然、式直前の忙しいときに言われて、先生たちはかなり困ったことだろう。「沖縄の卒園式の歌があればやりやすい」とも言っていたので、来年、娘が卒園を迎えるときには、もっとＰＴＡで話し合って、あの教育行政の人とも連絡をとりながらゆっくりみんなで考えていこう。

三月十七日　お母さんたちによる会場の飾りつけ完成。桜吹雪と沖縄の五色の花びらの花が混在している。しかし両者は、壁に貼って見てみると、確かに、微妙に雰囲気が合わない、すなわち原理が違う、というのがよくわかる。会場を見渡しながら私は、同化や支配秩序に抵抗する、とかは、不協和音をたてることなんだなと、つくづく感じた。

園庭から新聞記者をやっている幼なじみに電話。米兵ビラとその反響について、取り上げてくれるように頼み、明後日会うことにした。

三月十八日　いよいよ卒園式当日。さまざまな思いをこめ、気合いを入れて、私は琉装した。ＰＴＡ shinka (仲間) は「あ、今日はお化粧している」「口紅にグロスまで塗っている」と驚きながら、「かわいい」「きれ～い」と言ってくれたので、私はうふふと喜ぶ。子どもたちの一年間の成長の記録を写真と音楽で振り返り、胸がいっぱいになったところで、私のPTA会長あいさつの番となった。卒園児とその保護者へお祝いを述べたあと、私は言った。

「ピンク色のお花を見ると、心が温かく柔らかくうれしくなるでしょう。このピンクのお花たちは、幼稚園を卒業し、新しい世界へと旅立っていくみなさんが幸せに包まれていてほしい、と願ってお母さんたちが飾りつけしたものです。そして、この五色の花びらをもつ花は、ピンクはブーゲンビリア、赤はツツジ、紫は蘭、黄色はイッペー、黄緑色は新緑と、いまの沖縄の自然を表わしたものです。この島で生まれこの島の大地に立ち、陽を注がれ、島に降った水を飲み、島でとれた物を食べ、そしてこの島に吹く風のなかで育っていくみなさんが、どんなときにも前を向いて生きていってほしい、という願いを込めています」

子どもたちに「桜」を与えようとがんばったshinkanuchaa（仲間たち）にはとっても悪かったと思う。でも私は結局どうしても「桜」と口にできず、勝手に「脱構築」してしまった。ごめんなさい。でもある人がやって来て言ってくれた。

「他の人とも話したんだけど、来年はあの五色の沖縄の花だけでいいんじゃないかな。かわいかったから」

三月十九日　新聞記者に、米兵に宛てたビラとそれを米オンライン雑誌に投稿した結果の反響メール総計七四通、これを公表することの意義、私の不安や恐怖心などについて話した。

取材後いったん別れてから、記者から電話が入る。私の写真は出さないことにしていたけれど、「やっぱり堂々と名前も顔も出した方がいいんじゃないか。その方が〝この人に手は出せないぞ〟

というアピールになる。もし〝怖い〟反応があったらそれも記事にする」

と言う。しばらく考えてから私は了解した。写真撮影のため新聞社に行った私はもう開き直り、

「じゃあ優雅にいきましょ、優雅に」

と応接室に飾ってあった胡蝶蘭をバックに撮影しようと提案したが、カメラマンに
「ダメですよ、抗議なんだから」

と却下されたのであった。


三月二十一日　米兵への抗議ビラ&反響メールについての記事が、「琉球新報」朝刊社会第二面に出た。夜は午後七時から幼稚園PTA御用達の（うるさい子ども連れOKの）居酒屋の個室で、打ち上げである。卒園式も無事終わり、一年間の活動を通して仲良くなったことで、shinkanuchaa（メンバー）異様に興奮し盛り上がる。

「今朝の新聞見たよ～」と言ってくれる人あり、見てない人には「ジャーン、持って来ちゃったよーん」と自ら持参した新聞を私が見せまくり、「おおー、知念ウシー、カンパ～イー!!」と一同ビールで乾杯してくれた。途中から先生たちも合流。私の娘の担任の先生は「知念さ～ん、新聞見たよー」と言いながら入って来て、私も酔っぱらった勢いで「キャーッ！」と先生としっかと抱擁。

また、他の先生は
「知念さんが沖縄を大切にしていることは、しっかり伝わっています。これからもいっしょにやっていきましょうね」

「キャーッ、せんせーい。来年はいっしょに子どもたちに沖縄のわらべ歌を教えましょう。よろし

くー」

とまたもや、熱き抱擁。会場あちこちで女同士のハッグの嵐。子どもたちもギャーギャーワイワイ。狂乱の夜であった。

さらに私を含む有志数名は午前〇時からカラオケへ。四時まで歌った。しかし、年齢三〇代チームと四〇代チームでは曲目がちがうのだ。私が山口百恵を歌うと、「あーこれ、中森明菜でしょう」と言われる。三〇代チームの歌は私が知らないのが多い。我ら四〇代はピンクレディのUFOまで歌って踊った（これってバリバリ同化の痕跡か）。あるとき私が曲を選んでいると、となりに座った三〇代チームの一人がふっと言った。

「知念さん、あの新聞記事すっごくうれしかった。私も米兵にいやな思い出があるから」

三月二十二日　二日酔い及び睡眠不足のため、ぼーとして過ごす。夕方になって、翌日の「米兵によるあらゆる事件・事故に抗議する県民大会」で配ろうと米兵へのビラを印刷。

三月二十三日　県民大会当日。朝、玄関の植木に水をやっていると、幼稚園PTAの副会長がやって来た。もう一人の副会長（我がPTAには副会長が四人もいた。副会長は仕事内容と責任が曖昧なので、人気ポストなのだ。私は副会長争奪合戦に破れ、会長に就任した）のお姑さんがなくなり、今日告別式があるそうだ。みんなで不祝儀を出そうと私の分を集めに来てくれたのだ。私が「会長だからさ、私が告別式に参列するよ」と言うと、「ううん、会長は県民大会に行って下さい。告別式はだれか他の人が行くから」と厳かに申し渡された。しばし沈黙し、私は答えた。

「わかりました。行けない人の分も県民大会へ行ってきます」

車にutu（ツレアイ）とwarabinchaa（子どもたち）を詰め込んで出発。その頃には雨が降りだした。カマドゥー（「カマドゥー小《ぐゎー》たちの集い」）は「入口付近で、横断幕を持って立っている」ということなので、会場の北谷公園野球場前広場に着き、探すが見つからず。雨は弱まらず、ikigwangwa（息子）が「hiisan（寒い）」と泣き出す。utuがwarabinchaaを近くのショッピングセンターに避難させ、私は雨の中を探し続ける。雨合羽を着ているが、顔面や袖口、足元などびしょぬれだ。私は朝、左手の人差し指に切り傷をつくり、絆創膏を貼った。そこにも雨がしみ込み傷口が開き、出血が始まる。血をしたたらせながら走り続けると、ようやく、カマドゥーが縦一メートル、横三メートルの黒い横断幕を二本、計六メートルに渡って広げて立っているのを発見した。

それには、黒地に浮き上がるように白く太い文字で、ドーンと、

「軍命はいまも続いている　この押しつけられた基地を見よ」

「日本人よ！　いまこそ沖縄の基地を引き取れ」

と書かれてある。思わず私は、

「げー、怖～い。〝沖縄人の怨念〟って感じ～。ひくっ～」

と、自分の〝内なる日本人〟丸出しで叫んだが、カマドゥーshinka（仲間）曰く

「そうでもないよ。いろんな人が立ち止まってしっかり見ていくよ。九・二九県民大会のときより反応は断然いいよ」

そして彼女は「これを普通のおばさんが持っている、というのがいいでしょ」と、にやっと笑った（後日、偶然見つけたのだが、コープの雑誌「生活と自治」二〇〇八年五月号には「沖縄の怒り

の先にあるもの」と題して、見開き二ページにわたってその横断幕の写真が掲載されていた)。

大会が終わって横断幕を片づけていると、私はテレビカメラを向けられ、日本人記者に大会の感想をインタビューされた。私は答えた。

「いやでいやでたまりません。こんな大会なくなってほしい。雨のなか、わざわざこんな集会に来たくないですよ」

記者は驚いた表情をして聞いた。

「へ、どうして?」

「私たちはいつまで、抗議を続ければいいんですか。沖縄人は基地に反対するために生まれてきたわけではありません。基地反対なんて、私たちの使命でも、存在意義でも、喜びでも、生きがいでもありません。一日も早くやめたい。早くやめていい現実になってほしいです。でも、声を上げなければそれが実現しそうにないから、仕方なくやっているんです」

ついでに私も記者に聞いた。

「ねえ、あなたヤマトゥンチュでしょ?」

「そうです」

「だったら、基地をもって帰って下さいよ。そうでなきゃ、基地はなくなりませんから」

理由を説明したけれど、「あー、ははは……」と、彼は苦笑するだけ。

三月二十四日　疲れて寝ていたが、幼稚園・小学校PTA共同主催の退職・異動教職員への「感謝の夕べ」があったことを思い出した。渾身の力をふりしぼって立ち上がり、小学校の体育館へと出かけていった。

私の仕事、「はじめのあいさつ」をすませ、立食パーティーに参加していると、小学校のPTA会長と副会長のふたりの男性がやって来た。彼らは「新聞（たぶん米兵ビラのこと）見たよ」「（よくも米軍に）いったね～」といった。私たちは米兵暴行事件について話し合った。地域の獅子舞《ししけーらしー》の伝統保存会の世話人も務める副会長は「だから、子どもを守る地域づくりが大切なんだ」と熱く語った。

追記

四月某日　いま、とあるカフェでこの原稿を書いている。いったん席を離れ戻ったら、いつの間にか、あるアメリカの外交官が私の隣に座っている。夏場はかりゆしウェアの彼は今日はグレーのスーツである。こういう場合、どうすればいいのだろう？

「ちょっとすみません、あなたの沖縄政策、沖縄人への態度、あなたの国の米軍再編政策、戦争政策に抗議します」

と話しかけるべきであろうか。しかし「騒ぎ」になれば、私は今後このカフェでのんびり過ごせなくなるかもしれない。けっこう気に入っているところだから、そうなれば残念だ。でも、こんなに近くにいるなんてチャンスではないだろうか。ケイタイを取り出して、正面からアップで顔を撮影し写メールで友達に送るべきか？　しかしケイタイの撮影音は大きいからばれるのは確実。そうなれば人権侵害で訴えられるだろうか？　いやしかし相手は公人で、人権侵害されているのは圧倒的に私たちの方なのだけれど……。などと私が悩んでいる間、彼は頬骨あたりの皮膚をピンク色に染め、鼻下の神経を弛緩させながら、私と反対側で彼の隣に座っている、目鼻立ちの整った三〇代初めごろで長いストレートの黒髪をもつ女性に英語なまりの日本語で話しかけている。ちらっと聞こえた。彼は言った。

「そこにね、〝メア（彼の名前）、GET OUT OF OKINAWA（沖縄から出て行け）〟っていうのがあってね、僕ねカメラでクリッってて撮ってね（手を構えてカメラのシャッターボタンを押すふりをする）、僕ねー、オキナワに友達いないの～」

女は女の決まりの文句で答える。

「え～、そうなんだ～、かわいそ～」

そういえば、普天間基地の爆音被害の損害賠償と飛行差し止めを求める普天間爆音訴訟団がそういう文句の抗議文や横断幕をつくったことがあった（私はその英訳を手伝った）。

追記の追記　このアメリカの外交官とは当時、在沖縄アメリカ総領事のケビン・メア氏。彼については本書「ヤレーヌーヤガ――『メア差別発言』を撃つ」（一四二頁）も参照。

琉球語をとりもどす

未来をつくる実践

『脱「開発」の時代――現代社会を解読するキイワード辞典』（ウォルフガング・ザックス編、一九九六年、晶文社）によると、現在、世界には五千百ぐらいの言語がある。ヨーロッパの言語はそのなかの一％でしかなく、残りの九九％はアジア、アフリカ、太平洋、アメリカ大陸に存在する（「アメリカ大陸の言語」とは、ヨーロッパからもってこられた四言語以外はすべて各先住民の言語である）。しかし、同書はこの五千百のうち、二世代後、つまり私たちの孫の世代まで残っているのは、おそらく百ぐらいだろうと予測する。

私たちの琉球諸語・しまくとぅばはその百に入っているのだろうか。それとも消えていく五千の言語のうちに入っているのだろうか……。

三年前インドのデリーにある発展社会研究所で出会った、インド東北部マニプール州出身の社会学者ビモール・アコイジャム氏の言葉が私は忘れられない。

マニプールは現在のインド領内にかつてあった独立国のひとつで、イギリスに植民地にされたが、共和国として憲法を作成し独立しようとしたときに、イギリスから独立したインドに強制併合されたところだ。現在でも分離独立運動、紛争が続き、インド軍がずっと駐留し住民を威圧している。人々はマニプール人としてのアイデンティティが強い。アコイジャム氏と私は歳も同じで、バックグラウンドも似ているので、よく話をした。

あるとき彼が、沖縄では学校で「沖縄語」を教えているか、と聞いた。私は否と答え、彼は驚き、なぜ？　と激しく何度も聞いた。私は日本の同化政策を説明したが、彼は言った。

「そんなのは答えになっていない。自分たちの親、祖父母、先祖が使ってきた言葉だろう。なぜそれを『方言』だなんて平気で思えるんだ。どうして学校で教えないんだ。君たちは沖縄県に自分たちの行政府も議会も学校ももっているんだろう。教師も沖縄人なんだろう。どうして自分たちで子どもたちに『沖縄語』を教えると決められないんだ」

研究所の夕方のガーデンパーティでビールを片手に、ほとんど叫びあうように話し合い、最後に彼は言った。

「よし、僕は沖縄研究をやる。僕たちが沖縄みたいにならないために」

私が琉球諸語・しまくとぅばについて新聞等に書いたりしていると、時どき、中高年の沖縄人に話しかけられることがある。いかに自分の言葉が奪われ、また自分自身も手放してしまったか、方言札の記憶、懸命に「あこがれの日本人」になろうとしたこと、しかし、いまとなっては大事なものを失ったと気づき悲しんでいること、親や祖父母が使っていたあの美しい言葉が己れからは流れ出ないことのさびしさ、いざ話そうとしてみても「見えない方言札」がのどをしめつけること。しかしそれでも、取り戻したいと語る人が多い。

彼ら・彼女らはそうやって、硬直緊張するのど、あご、身体から一語一語発していくのだ。その誠実で勇敢な先輩方の姿に私は感動し、そこから学びたいと思う。

沖縄の歴史に刻印された痛みを抱きしめながら、琉球諸語・しまくとぅばを取り戻していくことは、過去への回帰ではなく、未来をつくる創造としての実践である。

シマクトゥバで考える戦世

六月二十三日は沖縄戦が終わった日ではない。沖縄現地で組織的な降伏権限をもつ日本軍司令官が「最後まで敢闘し悠久の大義に生くべし」、すなわち、「死ぬまで戦え」という命令を残して自殺した日であり、これによって、「本土」決戦を遅らせる時間稼ぎの沖縄戦は住民を巻き込み、ますます泥沼化した。その後九月七日まで戦闘は続くが、日本「本土」では、軍都広島と長崎へ原爆が投下され、八月十五日に最高司令官たる天皇がポツダム宣言を受諾し、降伏した。「本土」の地上戦回避、天皇制護持を目的とする最後の外地戦としての沖縄戦はその意味で「成功」だった。

六月二十三日にシマクトゥバで沖縄戦を生き残った住民の証言を聞く、という行為において、私がこだわりたいのは、この言葉を使う者は当時「スパイ」として、日本軍が処刑命令を出していたということだ。この言葉で話すのが「スパイ」なら、聞くのも同様だ。なら、六六年後にそうする私たちはそうではないといえるのか。

なぜ、日本軍は沖縄人を「スパイ」とみなしたか。方言の強い「本土」の地域でも、同様な命令を出しただろうか。事実として沖縄戦の結果、「本土」では地上戦はなかったからわからない。しかし、朝鮮半島や台湾、満州、サハリン、南洋諸島などで、同様な状況下、住民が日本軍の理解できない現地語を使った場合は沖縄と同じように「スパイ」視したのではないか。なぜか。それは、そこはそもそも日本が奪った土地であり、住民にいつ反撃されても仕方がないという後ろめたさ、恐怖があったからではないか。沖縄もそういう外地……。

その後、沖縄を占領した米国は基地をつくり、日本「本土」からの移設も含めて、六六年前戦った日米両国は、当時の沖縄住民殺戮を反省謝罪、二度としないとの約束もないいまま、いまや協力して、沖縄に基地を押しつけている。その基地で、次の戦闘を準備、練習、出撃する。「沖縄戦」は終わっていない。

しかし、米国は沖縄戦以来大きな戦争に勝利していない。朝鮮戦争、ベトナム戦争、湾岸戦争、アフガニスタン戦争、イラク戦争……(そしてリビア?)。沖縄でも日米は勝っていない。六六年来の占領や基地に浸食される生活があっても、沖縄人はあきらめず、日米が強要する未来とちがう生き方を実現しようと日々行動しているからだ。

六月二十三日、映像上映後、比嘉豊光、新垣安雄、高良勉、知念ウシによるシマクトゥバでの座談会がある。沖縄の過去から未来を見すえて、この四人の「植民地原住民」は「現地語」で何を語るのか。

（琉球語首里言葉《すいくとぅば》ヴァージョン）

六二三《るくにーさん》　戦世《いくさゆー》シマクトゥバさーに考《かんげー》ゆん

六月二三日《るくぐゎちにじゅーさんにちぇー》、沖縄戦《うちなーぬうふいくさ》ぬ終《う》ちなちゃる日《ふぃー》やあやびらん。沖縄《うちなー》をぅてぃ、組織的《むるがむる》、降伏《こーさん》すみ、さにんでぃ、いゅる権限持《ちわみむっ》ちょーる日本軍ぬ司令官《いくさがしらー》「最後まで敢闘し悠久の大義に生くべし」、言《いー》どぅんしぇー「自分《どぅー》ぬ命《ぬち》失いるまでぃ、敵殺《てぃちぇーくる》し」んでぃる命令《いーわたしんじゃ》出さーに、自分《どぅー》や自殺《どぅーじに》さびたん。うぬ日《ふぃー》ややびーん。沖縄戦《うちなーぬうふいくさー》、元来《むとぅむとー》、本土《やまとぅ》をぅてぃ、日本《やまとぅ》とアミリカぬ戦争《いくさ》ぬ際《ちわ》に「本土決戦」遅《う》くらすたみぬ策略《てぃだん》ややびーたしが、うぬ司令官《いくさがしら》ぬ自殺《どぅーじに》ぬ後《あとぅ》やてぃん、兵隊《ふぃーたい》びけーぬんあやびらん、住民《じーんちゅ》までぃ、引《ふぃ》ち込《く》まーに、地獄《じぐく》ぬ如《ぐとぅ》なたる次第《しでー》ややびーん。

沖縄《うちなー》をぅてー、うぬ後《あとぅ》、九月七日《くんぐゎちしちにち》までぃ、戦争《いくさー》続《ちじ》ちゃびーしが、日本本土《やまとぅ》をぅてー、軍事基地《いくさぬくさてぃ》なとーる広島とぅ長崎ん、原爆落《う》とぅさりやーに、八月一五日《はちぐゎちじゅーぐにち》ねー、最高司令官《うふいくさがしら》ぬ天皇がポツダム宣言受きやーに、降伏《こーさん》そーやびーん。

本土《やまとぅ》うてぃ地上戦《くにうちぬいくさ》までーしみらちぇーならん、また、天皇とぅ天皇制守《まむ》いるたみに、企《むくる》でぃぬ沖縄戦《うちなーぬうふいくさ》どぅややびーたしが、うれー、「外地戦」ぬ顚末《すび》とぅしぇー「成功《かなとーん》」、んでぃ言ちん過言《いーくわっー》あらのーあやびらんがやー。

うれーなー、皮肉《うらぬちむにー》どぅややびーしが、なま、六月二三日《るくぐゎちにじゅーさんにち》ぬ沖縄戦《うちなーぬうふぃくさ》をぅてぃ、命助《ぬちたし》かたる先輩方《しーじゃかた》ぬ御話《うふぁなし》、シマクトゥバさーに拝聴《うんぬかい》る事《くとぅ》なとーやびーん。くまをぅてぃ、忘《わし》てーならんでぃ、私《わん》が思《うむ》とーるくとー、戦争《いくさ》ぬ場合《ばす》ねー、うぬ言葉遣《くとぅばちか》いしぇー「スパイ」やんでぃち、日本軍から「処刑命令《とぅがぬいーわたし》」ぬ出《っんじゃ》さったんでぃる事《くとぅ》ややびーん。

シマクトゥバさーに話しすしが「スパイ」やれー、シマクトゥバ聞《ち》ちゅる事《くとぅ》やてぃん、同一《いぬむのー》あやびらんがやーたい。

あんどぅんやれー、六八年《るくじゅーはちにん》ぬ後《あとぅ》、うぬ言葉《くとぅば》聞《ち》ちゃる私達《わったー》や、うりとー、まーんかい差異《ちげーみ》ぬあやびーがやー。

ぬーんち、日本軍沖縄人《にほんぐのーうちなーんちゅ》「スパイ＝敵《てぃち》」扱《あち》けーさびたがやー? 方言ぬ強《ちゅー》さる本土《やまとぅ》ぬ田舎をぅてぃん、同一《ゐぬぐとぅ》、命令出《いーわたしっんじゃ》さびたがやー? 沖縄戦《うちなーぬうふぃくさ》ぬ後《あとぅ》、本土《やまとぅ》をぅてー、地上戦無《くにうちぬいくさーねー》やびらんたくとぅ、うれー、わかやびらん。

あねーややびーしが、朝鮮半島、台湾、満州、サハリン、南洋諸島をぅてー、同《ゐ》一《ぬ》如《ぐとー》る状態《うちかい》なてぃ、住民《じーんちゅ》(他国人《ゆすんちゅ》)が日本軍ぬ理解《ぬんくみ》ぬならん現地語遣《じーぬくとぅばちか》たる場合《ばす》ねー、沖縄《うちなー》とぅ同《ゐ》一《ぬ》如《ぐとぅ》、「スパイ」扱《あち》けー、さびらんたがやー?

うれー、ぬーがどぅんやれー、あまー、元来《むとぅむとー》、日本《やまとー》あらん事《くとー》あやびらに? 日本《やまとぅ》が押《う》し押《う》しに、くん取《とぅ》たる土地《じー》どぅやえーさびらに。あんすくとぅ、元来《むとぅむとぅ》ぬ土地《じー》ぬ人達《ちゅぬちゃー》んかい、いち何時《なんどぅち》、反撃《むふん》うくさりーがすらわからんでぃる、恐怖《うとぅる》さとぅ、気《ち》掛かいぬあたるはじやいびーん。あんすくとぅ、沖縄《うちなー》をぅてぃん、うぬふーじーや　あやびらんたがやー。

大戦後《うふいくさあとぅ》から現在《なま》までぃ、沖縄《うちなー》んかい占領《ゐしか》とーるアミリカぬ国《くねー》、私達《わったー》島々んかい　自分達《どぅーなーたー》ぬ軍事基地《いくさぬくさてぃ》造《ちゅく》てぃ、また、日本本土《やまとぅ》から移《う》ちてぃちゃる基地《む》ん組《ぐー》なち、六　八年前《るくじゅーはちにんめー》、互《たげー》に沖縄《うちなー》争奪《ばーけー》そーたる日米ぬ両　国《たとぅくろー》、密約《ちゅーごー》っし、沖縄《うちなー》や自分《どぅー》ぬ占領《む》地《ん》やんでぃち、私達《わったー》んかい　基　地《いくさぬくさてぃ》押《う》しちきとーやびーん。(サッティムサッティム!)

アミリカん日本《やまとぅ》ん、沖　縄　戦《うちなーぬうふいくさ》ぬ際《ばす》、住民《じーんちゅ》殺《く》るちゃる事《くとぅ》に就《ちー》てぃ、反省《しんしゃく》、謝罪《わび》、二度《にどぅ》とーさんでぃる約束《やくしく》ん無《ねー》らんまま、くぬ　基　地《いくさぬくさてぃ》　をぅてぃ、次《あとぅ》ぬ戦争《いくさ》ぬ準　備《しこーいがた》とぅ演習《ちーく》、あんし、出撃《しみっんじ》たいそーやびーん。

あんさびーくとぅ、沖　縄　戦《うちなーぬうふいくさー》、まーだ終結《うわ》てーをぅやびらん。ややびーしが、米国《アミリカー》や沖　縄　戦《うちなーぬうふいくさ》ぬ後《あとぅ》、大規模《まぎ》戦争《いくさ》をぅてー　勝利《まかちゃ》るたみしぬねーやびらんどーやー。朝鮮戦争、ベトナム戦争、湾岸戦争、アフガニスタン戦争、イラク戦争(あんしから、リビアんでー?)。沖縄《うちなー》をぅてぃん、日米や勝《まか》ちぇーをぅやびらん。六　八　年《るくじゅーはちにん》ないるまでぃ、占領《ゐしか》てぃ、基　地《いくさぬくさてぃ》　んかい、うちゅくゎーぅてぃん、沖縄人《うちなーんちょー》、うみちーん　さんぐとぅ、肝強《ちむじゅー》く持《むっ》ち、日米ぬ押《う》しちきとーるじゃーふぇー事《ぐとぅ》ぬあってぃん、自分達《どぅーたー》ぬあちびち目的《みあてぃ》ぬある生活《くらしがた》っし、かんし、日米とーかわてぃ、誠《まくとぅ》っし、肝強《ちむぢゅ》ら強《ぢゅ》ら日々《ふぃーびー》ぬ行動《うくねー》やそーやびーん。

今日《ちゅう》ぬ六月二　三　日《るくぐゎちにじゅーさんにちぇー》、「シマクウトゥバで語る戦世」ぬ映像上映ぬ後《あとぅ》、比嘉《ひじゃ》豊光、新垣《あらかち》安雄、高良勉、知念《ちにん》ウシ達《しーたー》ぬ　シマクトゥバっし座　談　会《はなしーぐゎーしぇー》る事《くとぅ》んかいなとーやびーん。

沖縄ん過去《んかし》から行ちゅる先々《さちざち》、直視《みーちき》やーに、うぬ「植民地原住民」ぬ四人《ゆったい》や、「現地語《じーぬくとぅば》」さーに、如何《ちゃん》ねーる話すんでぃいやびーがやーたい。

Rukuniisan ikusayuu shimakutuba saani kangeeyun

Ruku-gwachi nijyuu-san-nichee, uchinaa nu ufuikusa nu uchinacharu fii ya ayabiran. Uchinaa wuti murugamuru koosansumi sanin di iyuru chiwami mucchooru Nihongun nu ikusagashiraa "saigo made kantoushi yuukyuu no taigi ni ikubeshi", iidunshee, "duu nu nuchi ushinairumadi tichee kurushi" ndiru iiwatashi njyasaani duuya duujini sabitan. Unu fii yayabiin. Uchinaa nu ufuikusaa mutumutoo Yamatu wuti Nihon tu Amirika nu ikusa nu chiwa ni "hondo kessen" ukurasuru taminu tidan yayabiitashiga, unu ikusagashira nu "duujini" nu atu yatin, fiitai bikee nun ayabiran jiinchu madi fichikumaani jigokunu gutu nataru shidee yayabiim.

Uchinaa wutii, unuatu kun-gwachi shichinichi madi ikusaa chijichabiishiga Yamatu wutee ikusanu kusati natooru Hiroshima tu Nagasaki n genbaku utusariyaani hachi-gwachi juugunichinee ufuikusagashira nu tennou ga potsudamusengen ukiyaani koosan sooyabiin.

Yamatu wuti nu kuniuchinuikusa madee shimiracheenaran mata tennou tu tennousei mamuirutamini mukurudi nu uchinaanuufuikusa du yayabiitashiga uree "gaichi sen" nu subi tu shee "kanatoon" ndiicchin iikkwaa aranoo ayabirangayaa.

Ureenaa uranuchimunii du yayabiishiga, nama ruku-gwachi nijyuu-san-nichi nu Uchinaa nu ufuikusa wuti nuchi tashikataru shiijyakata nu ufahashi shimakutuba saani unnukai ru kutu natooyabiin.

Kuma wuti washitee naran di wan ga umutooru kutoo ikusa nu basu nee unu kutuba chikaishee "supai" yandichi Nihongun kara tuganuiiwatashi nu njyassatan diru kutu yayabiin.

Shimakutuba saani hanashi sushiga "supai" yaree shimakutuba chichuru kutu yatin, inumunoo ayabirangayaatai.

Andun yaree rukujyuuhachi-nin nu atu unu kutuba chicharu wattaaya uritoo maankai chigeemi nu ayabiigayaatai.

Nuunchi Nihongunoo Uchinaanchu "supai=tichi" achikee sabitagayaa? Hougen nu chuusaru Yamatu nu inakaa wutin inugutu iiwatashi njjasabitagayaa? Uchinaanuufuikusa nu atu Yamatu wutee kuniuchinuikusaa neeyabirantakutu uree wakayabiran.

Aneeyayabiishiga, Choosenhantoo, Taiwan, Manshuu, Saharin, Nanyooguntoo wutii, inugutooru uchikai nati jiinchu(yusunchu)ga Nihongun nu nunkumi nu naran kutuba chikatarubasunee Uchinaa tu inugutu, "supai" achikee sabiran tagayaa?

Urtee nuuga dunyaree amaa mutumutoo Ymatoo aran kutoo ayabirani? Nihon ga ushiushi ni kuntutaru jii du yaee sabirani.

Ansukutu mutumutu nu jii nu chunuchaa n kai ichi nanduchi muhun ukusariiga sura wakarandiru uturusa tu chigakai nu ataru hajiyayabiin. Ansukutu Uchiinaa wutin unu huujii ya ayabiran tagayaa.

Ufuikusa atu kara nama madi Uchinaa nkai ishika tooru Amirika nu kunee wattaa shimajima n kai duutaa nu ikusa nu kusati chukuti, mata, Ymatu kara uchiti charu mun guunachi rukujyuhachi-nin mee tageeni Uchinaa baakee sootaru NichiBei nu tatukuroo chuugoosshi Uchinaa ya duu nu mun yandichi wattaa n kai ikusanu kusati ushichikitooyabiin (sattimu! sattimu!).

Amirika n Yamatu n Uchinaanuufuikusa nu basu jiinchu kurucharu kutu ni chiiti shinshaku, wabi, nidutoo san diru yakushiku n neeran mama kunu kusati wuti atunu ikusa nu shikooigata tu chiiku, anshi shiminnjitai sooyabiin.

Ansabiikutu, Uhinaanuufuikusa maada uwatee wuyabiran. Yayabiishiga, Amirika ya Uchiinaanuufuikusa nu atu, magi ikusa wutee makacharu tamishi nu neeyabiranndooyaa. Choosen sensoo, Vetonamu sensoo, Wangan sensoo, Afuganisutan sensoo, Iraku sensoo(anshikara Ribiya ndee?)

Uchinaa wutin NichiBei ya makachee wuyabiran. Rukujyu-hachi nin nairu madi, ishikati ikusanu kusati n kai uchukwaattin, Uchinaanchoo umichiin sangutu chimu jyuuku mucchi NichiBei nu ushichikitooru jyaafeegutu nu attin duutaa nu acchibichii miati nu au kurashigata sshi, kanshi, NichiBei too kawati makutu sshi chimu jyurajyura fiibii nu ukunee ya sooyabiin.

Chuunu Ruku-gwachi nijyu-san-nichee "shimakutuba de kataru ikusayu" nu eizou jyooei nu atu, Fijya Toyomitsu, Arakachi Yasuo. Takara Ben, chinin usii taa nu shimakutuba sshi hanashiigwaashee ru kutu n kai natooyabiin.

Uchinaa n nkashi kara icharu sachijzachi miichikiyaani, unu "shokuminnchi genjyumin" nu yuttaiya "jii nu kutuba" saani channeeru hanashi sundi iyabiigayaatai.

すべてはうごめく「今」から——「琉球新報」紙面批評

応答を求めることも記者の仕事

三・一一から七カ月、戦場と基地が押しつけられ、未だその傷も癒えぬまま日々更新されて六六年、「戦後〇年」の沖縄に、安全を求めて避難民がやってくるという皮肉な事態に複雑な気持ちの今日このごろ、沖縄は本当に安全なのかと気にかかる。

放射能汚染された食品の、特に学校給食への流入は阻止されているのか。トモダチ作戦の米海兵隊は普天間基地で除染したが、その放射性物質は基地外へ漏出していないか。二〇〇四年沖国大米軍ヘリ墜落炎上事件のとき、空中で焼失したとされるストロンチウム九〇の影響は？ 私たちの頭上を行く軍用機に使われている放射性部品、頻繁に入港する軍艦、原子力潜水艦、基地内貯蔵の噂の根強い核爆弾からの放射能漏れはないのか。

真実を知ればパニックが起きるからと、事実を隠ぺいし、潜在的な被害者を多く生み出す「大丈夫さ〜ジャパン」★1的な情報管理に手を貸さず、沖縄のマスコミは、県民を信じて真実を探り当て伝えてほしい。知るのは怖くても、知らなければ対策も講じられない。

原発問題と沖縄の基地問題は「辺境に犠牲を押しつける」点で似ているとよく報じられるが、本当にそうなのか。原発は本州・北海道に五四基あり、日本には「辺境」がたくさんあると驚く。沖縄は「辺境」なのか。私にとって沖縄は世界の中心だ。普天間基地も嘉手納基地も沖縄島の真ん中、市・町の中心にあり、辺境にはない。また、私が「本土」で基地問題を講演し、県外移設を主張すると、「(そんなこと言うなら)沖縄は独立したほうがいい」、あるいは「(そんなこと言わないで)沖縄県民は日本国民と連帯したほうがいい」と言われるのだが、福島もそうなのか。

新垣毅記者署名の福島レポートには、福島の人々の沖縄の基地問題へのコメントがある。新垣記者が問うたからだろう。沖縄の新聞社が福島で取材することは、現地の様子を直接見て報告するだけでなく、沖縄の問題について応答を求める行為なのだ。新聞記者の仕事とは事実報道のみならず、問題提起でもあることをあらためて認識させられた。

最後に、八重山の教科書採択問題について。そもそも「義務教育」とは、「子どもの学ぶ権利」を保障するのが大人、政府の義務だという意味である。子どもの権利条約もある。

この観点から、子どもたち自身がこの問題を学べるように、まとめたページをつくってほしい。教科書、憲法、教育法、PTAを含めての教育機関の意義、相互関係、例えば、教育委員長、教育長という複数の「長」の関係、文科省と各教育委員会の関係と独立性、それらがわかる組織図がほしい。今回の手続きにも問題が多々ありそうで、文科省の発言も揺れている。その一連の流れがわかる表もほしい。「琉球新報」はビジュアル化の能力に長けているので、ぜひお願いしたい。(二〇

歴史と文化を次世代に伝えるには

世界のウチナーンチュ大会で盛り上がった十月だったが、「次世代ウチナー座談会」(十月二十一日)は、過去と現在をとらえたうえで今後のウチナーンチュ世界の創造と発展を考える意義深いものだった。「言葉がなくなれば沖縄がなくなる」と心配するハワイ四世の和多エリックさんの「大会のテーマソングはヤマトゥグチ。みんな沖縄を向いているのに、なぜかと思う」という指摘に納得した。

したいひゃー!と(「やったー!」と喜んで)読んだのが、世界最大規模のソーラーカーレースに挑んだ南部工業高校生らチーム沖縄の「レキオン」の活躍を伝えるオーストラリアからのレポートである。

その「レキオン」ゴール到着のニュースの隣にある「米軍、イラク年内撤退へ」の記事(十月二十三日一面)も気になった。「年末の完全撤退は米イラク地位協定が定めた既定路線」とある。地位協定は完全撤退を決められるのか、と驚いた。「戦争に負けた」と言われるイラクでは「米兵の免責特権維持を求める米側と、国内世論に配慮してこれを受け入れないイラク側が折り合わず、合意を断念した」という。イラク国内世論はそれだけの力をもっている。これでアメリカは戦争に勝ったと言えるのか。イラク戦争開戦時には、アメリカ勝利後は「日本型、沖縄型の占領」を考えているとされた。イラクには在沖基地からも行っている。これは共同配信の記事のようだが、今後、沖縄の視点で、イラク戦争と米イラク地位協定を検証してほしい。

十一月一日のコラム「金口木舌」は、那覇市の旧沖縄少年会館（久茂地公民館）の解体計画を批判し、「郷土史に詳しい知人」の発言「武徳殿や旧立法院棟もそう。ウチナーンチュは古い物を簡単に捨ててしまう」を引用する。一方、戦前の首里市による首里城解体を食い止めたのは（ヤマトゥンチュの）鎌倉芳太郎らの功績だとし、鎌倉の琉球文化記録活動を評価する。私は金口木舌子の「先人の財産を後世にしっかり受け継ぐという営みの糸が切れると歴史は途絶え、文化は消える」という危機感を共有する。しかし、少し違和感が残った。

そもそも最初に首里城を滅ぼしたのは誰か。琉球処分で琉球国王は東京に連れて行かれ、首里城は日本軍が占拠。その後、日本政府が首里市に「払い下げ」た。それを日本神道の沖縄神社に作り直す計画が出たのは「ソテツ地獄」の頃だ。財政難の首里市に旧王宮の維持はいかに可能だったか。鎌倉によると、「史跡名勝天然記念物」の仮指定を受け内務省の取り壊し中止命令が届いたとき、首里市関係者は大喜びしたという。

経済の疲弊で、多くの沖縄人が移民や出稼ぎで故郷から引き剝がされるなか、鎌倉芳太郎は潤沢な資金をもって琉球文化を調査記録した。

調査記録とは、その文化の位置づけにとって抜本的な変化をもたらす。これまで、あたりまえの生活や儀式で使われていた道具や建物が撮影、記録、収集、展示されるものとなるのだ。日本による琉球併合でそれら道具や建物が機能し、権威をもっていた体制は滅ぼされた。そこに記録の意味が出てくる。

鎌倉の活動には多くの沖縄人が協力した。首里市は庁舎内に写真現像室をつくった。門外不出の古文書、大事な道具、受け継がれてきた紅型の図柄集など、他人に見せるのに抵抗があっただろう。写真撮影を「魂《たまし》抜がりん」と嫌がっただろう。それでも見せた。被写体になった。それはいったいなぜなのか。

当時「琉球新報」を創刊し主筆だった大田朝敷は、日本政府が沖縄の「歴史隠滅政策」をとっていると批判していた。政治、経済、社会とも「他府県人」が支配し、沖縄人は「食客（＝居候）」の地位に置かれているとも。そのような状況の沖縄人が、いつの日か琉球文化が復興できる手がかりを残そうと、鎌倉に協力したのではないか。「琉球文化の遺伝子」（高良勉）を「歴史隠滅政策」から守り、未来の琉球の子孫たちに渡そうと、鎌倉の記録に託したのではないか。

このような人たちの思いと協力がなければ鎌倉の調査はできなかったはずだ。そのように紅型はじめ琉球文化を学べたからこそ、鎌倉は「型絵染」（紅型？）で人間国宝になれたのでは？

琉球文化を記録した鎌倉の八一冊のノートがなくても、琉球併合以前何百年何千年も琉球人は文化を営んできた。日本防衛の捨て石にされた沖縄戦がなければ、首里城をはじめ「超一流の宝」はごろごろしていた。

鎌倉自身もこれらをわかっていたのではないか。画家の名渡山愛順に勧められて、収集品七〇〇点を琉球政府に「返還」したと自ら書く。八一冊のノートは遺志で沖縄県立芸術大学に贈られた。

鎌倉が写し取ったものの向こうに、私は多くの琉球のウヤファーフジ（先祖）たちの魂を見る。目まぐるしく支配者が替わる沖縄で、故郷から引き剥がされる経験も抱えながら、その歴史を生き抜いてきたしたたかさを認識し、経済至上主義や日本同化主義に引っ張られず、琉球・沖縄の歴史と文化を次代に伝える思いを、ウヤファーフジに学びたい。（二〇一一・十一に加筆）

沖縄は日本の首相と官僚をクビにしてきた

教科書評価書、どうなるのかと気にかかる、チチヌハイヤウマヌハイ（「月《ちち》ぬ走《はい》や馬ぬ走《はい》」。日本語の格言でいうなら、「歳月人を待たず」か）、二〇一一年十二月の紙面批評である。

八重山の教科書問題。[★2] どの教科書を推す人々がどんな振舞いをしているのかで、それぞれがどんな社会をつくりたがっているのかが、見えてくる。島の未来には自分たちも発言する、という与那国の中学生の自衛隊配備をめぐる署名用紙を学校長が無断で取り上げた事件。県教育長は、「憲法の定める表現の自由との関連や生徒の基本的な人権等の観点から慎重な対応が必要」と「与那国町教委と学校」に適切な対応を求めた（十二月三日社会面）。自らの未来へ主体的に声を上げた中学生たちを、学校システムのなかで孤立させてはいけない。

十一月二十九日の田中聡沖縄防衛局長（当時）発言[★3]のスクープ。「オフレコ破り」には圧力、不利益などかかることもあろうが、「琉球新報」が読者と県民に対する責任と信頼から、権力監視機関として揺るがない決断をしたことはありがたい。

田中元局長の用いた比喩（「これから犯す前に『犯しますよ』と言いますか」）からわかるのは、「県内移設が正義にもとる行為だと自ら白状した」（十一月三十日社説）わけで、そう認識しつつやろうとしていることだ。発言翌日に、県庁を訪れた中江防衛事務次官が謝罪の一方で、評価書提出、県内移設は従来の方針に沿って進めることを明言した。まさに田中元局長は自らの発言通り、「そうする前に言うべきではないのに、そう言ってしまった」、からこそ、更迭された。しかし、日本政府がそれをするつもりは変わらない。彼の発言の内容は「適切」だったのである。

あの発言が酒席での冗談だと済まされなかったのは、これまでの性暴力の被害者たちが苦しみのなかから声をあげてきた成果の一つである。しかし、特定の事件が思い起こされるのはつらく、他のやりかたはないのだろうかと思う。

辺野古移設を不可能にされて、一五年間も守れない約束に米国に頭を下げ続け、そして沖縄は思う通りにできない。そういう無力な日本の「権力者」が「いまにみていろ」と思い描くファンタジーが、あの比喩だったのか。沖縄のマスコミと世論は鳩山由起夫元日本首相、ケビン・メア元米国務省日本部長、田中聡元日本防衛省沖縄防衛局長をクビにしてきた。はたして、日本を侮辱する米外交官などを日本（「本土」）のマスコミと世論がそうしたことがあるのか。

同時期の文化面の見出し、「一％への集中、九九％の排除」（十二月二日）。パッと見て、「日本国人口比率一％の沖縄県に、在日米軍基地のほとんどが排他的に押しつけられている状況」を言っているのだと思った。しかし読むと、これはニューヨークでの格差反対デモのことであった。記事では触れられていないが、デモに参加した私のアメリカ人の友人によると、デモではグアムからの参加者が、「沖縄と連帯しよう」と呼びかけていたそうだ。

最後に、一面片隅の「りゅうちゃんクイズ」、特に政治編。これは子どもたちや学生に、また、大人同士で政治的関心を喚起するものとして、スグリムン（すぐれもの）やいびーん。過去掲載分もＨＰ等でまとめて見られるようにお願いしたい。（二〇一一・十二）

未来をつかまえようとする歴史家

私は十二月二十八日の環境影響評価書受理の説明を求めて、知事室前に座り込んだ一人である。冷たい廊下の床で考えたのは、いま動いている歴史を、そのときに位置づけるとはどういうことかだ。歴史家なら、通常、過去になった、結果の出た出来事をさまざまな資料や他の事実を用いながら多角的に検討するだろう。しかし、いままさに起こっている渦の真ん中でとらえるとは……。

もしかしたら私たちのなかには、苦難の歴史体験から「沖縄の住民はどうせ政府に踏みつけにされる。勝てるわけがない」というストーリーが無意識の深いところにできてはいないだろうか。権力に対しては慎重になり警戒することは必要だ。しかし、この無意識の思い込みが「踏みにじられる」のをこちらが予測、警戒する以上に「期待」してしまっている、ということはないだろうか。

記事にもそれを感じるときがある。例えば、二十八日の知事の言動をどうとらえるか。「知事は裏切りを開始しており、市民の願いはかなえられない」のが沖縄のお決まりの物語なのか。しかし、二十九日政治面で内間健友記者と松堂秀樹記者は「辺野古移設を拒む沖縄の意思はさらに固くなった」と書く。社会面では「知事、抗議の市民と対話　受理で説明『県外』公約に拍手も」の見出し。一月五日の社会面は、県庁で市民による、評価書受理と不足分搬入阻止のための監視行動が終わったことを「評価書新たな運動へ　市民団体監視終了　意見反映の場求める」との見出しで伝える。これらは沖縄社会のこれまでとはちがううねり、進行方向をキャッチしようとするものではないか。沖縄の歴史的な状況のなかで記者は、「未来をつかまえる歴史家」のような役目も担わされているのかもしれない。

十二月二十三日文化面、「『屋良朝苗日記』に見る復帰（七）」で宮城修文化部長が紹介する歴史事実が今後の展開を考えるうえで示唆的だ。一九六八年初の主席公選において、亀甲康吉氏（当時の労協議長）が屋良氏を推した理由である。すなわち、当選後に必ず主席はアメリカとぶつかり、にっちもさっちもいかなくなる。その局面で、安里積千代氏（当時の社大党委員長）なら「政治家なので」「妥協する恐れがある」。しかし、「屋良さんならそこまでいくと辞表を叩きつける」。それでもう一回屋良を担ぎ出すと、今度は軍もどうにもならない」。その後、屋良主席は誕生した。しかし、そのような予想された局面で、屋良氏はなぜそうしなかったのか、その結果どうなったか。その疑問と同時に、市民投票の結果を否定し辺野古移設を受け入れて辞職した比嘉鉄也元名護市長を思い出し、興味深い。

最後に、社会面連載の「くとぅばと生きる　ひと・しま・こころ」がいい。なくなった島言葉を懐かしむのではなく、イキイキと人々の暮らしに根づいている言葉として生活文化まるごと取り上げている。

元旦、私は年末の掃除と先述の県庁座り込みと大晦日の「カマドゥー小たちの集い」の普天間基地野嵩ゲート前「固定化ならん!」集会に参加し、充実感とともに疲れ果てていた。そこで初回の「ムッチー」の記事を掲げ、「今日はムーチー!★4 正月は旧正でやる!」と家族親戚に宣言した。

(二〇一二・一)

賞は誰が誰にあげるのか

「琉球新報」は「米軍普天間飛行場返還・移設問題をめぐる沖縄防衛局長による不適切発言の報道」を評価され、「第一六回新聞労連ジャーナリスト大賞」を受賞した(一月二十六日)。おめでとうございます。

「琉球新報」は毎年新聞報道に関する賞を受け、東京で賞状をもらってくる。しかし、つねづね感じるに、沖縄に押しつけられた日本国の戦争、安全保障、基地、差別、植民地問題に関する報道で、もっと頑張ってほしいのは県外の新聞だ。「琉球新報」にはすでに、「沖縄問題」解決のために国外で活動するジャーナリスト・研究者を対象とした池宮城秀意記念賞がある。つづいて「琉球新報ジャーナリスト大賞」も創設し、沖縄で本土の新聞を審査、表彰し、叱咤激励してはどうか。

「アメリカへ米軍基地に苦しむ沖縄の声を届ける会」の訪米団の活動が報告された。権力政治の現場へ乗り込み直接アピールした成果はすばらしい。しかし、ショックなことも。「日米合意を履行すべきだ」と言うグアム選出のボーダロ下院準議員（グアムは米の準州で、米下院に議決権のない代表を一人送っている）に、訪問団が「グアムに海兵隊全てを移転した方がいい」と言ったそうなのだ（一月二十六日）。激論になり口が滑ったのかもしれないが、国際交渉の場でこのような発言を沖縄側からするのはいかがなものか。米領にされているグアムと日領にされている琉球・沖縄の間で米軍基地を押しつけあってどうする？

「沖縄には置けないから、日米安保がなくなるまで、日本本土に海兵隊全てを移転した方がいい」と日本（本土）には言わずに、なぜグアムに言うのか。これが「沖縄の声」なのだろうか。

「地域主権改革」の流れと一括交付金によって沖縄県はより自己決定権を行使しうる可能性を獲得した。このような「日本復帰四〇周年」を迎えようとする沖縄の変化と課題に、「沖縄新政府」という言葉をあたえ、とらえようとしているシリーズが意欲的だ（一月二十九日～沖縄新政府取材班）。

軍事力に関する組織である沖縄防衛局長が個人情報を違法に使用し、「公務員として選挙に行くように」と講話した（二月一日～）。職員や家族の国民個人としての政治的自由、選挙権を侵害してないか。民主主義の根幹に関わる問題であり、追及を続けてほしい。

田中直紀新防衛大臣は、沖縄には「基地があることによって一つの大きな経済規模が生まれている」と述べた。本土の人の典型的な偏見の一つだが、今回の沖縄側の反応が興味深い。発言翌日の政治面では島洋子記者が具体的な数字をあげ、事実で反論した（この記事は使える。切り取ってノートに貼ろう。あるいは、携帯電話のメモに入れていつでも引用できるようにしよう）。社会面では、県、自治体、経済関係者が反論。知念栄治沖縄県経営者協会会長は
「基地は県経済の発展の阻害要因だ」
と断言した（二月三日）。基地＝経済とされ、平和か経済かの二者択一が迫られた時代から、大きく変わったことを強く印象づけた。
「沖縄タイムス」に大きく載った「米、辺野古断念へ」の記事（二月四日）。本当なのか。状況が変化するなか、「琉球新報」はどんな情報をつかんでいるのか。非常に気になる。（二〇一二・二）

「安心してほしい」と私たちも言われたい

新しい年が始まり三か月経つが、私の「今年の衝撃」第一位はもう決まった。アメリカが在沖海兵隊の一部一五〇〇人を山口県岩国の米軍基地へ移転したいと打診したが、日本政府はすぐに拒否した。玄葉外務大臣は山口県知事や岩国市長が移転反対の文書を渡したその場で、「追加的な移転をこれ以上お願いすることはない。安心してほしい」と言ったということだ（二月十四日〜）。

「安心してほしい」

私たちも聞きたい言葉だ。

「辺野古に移設しませんから、安心してほしい」

「高江の工事はやめますから、安心してほしい」

「普天間基地はすぐに閉鎖しますから、安心してほしい」

「沖縄から基地をなくしますから、安心してほしい」

署名、座り込み、デモ、基地包囲、市民集会、県民大会、住民投票、市町村・県議会決議、各種選挙などで、ずっと意思表示している私たちにはなぜ言わないのか。そしてばれたのは、日本政府はアメリカにNOが言えない、というのは嘘だということだ。こんなに「見事に」「即座に」言っているではないか。日本はアメリカの言いなりではなく、自らの判断で基地について決めているのだ。

「琉球新報」ではこれについて社説や読者の声に反応が出ているが、もっと問題化してほしい。私が知りたいのは、山口県や、岩国基地へ艦載機が移転される厚木基地のある神奈川県ではその後この問題がどう論議されているか、だ。沖縄では「県外移設」の主張に対して「自分の痛みをよそへ移すのはよくない」「沖縄で基地を解体すべき」と批判が向けられることがある。神奈川県民も同じように批判されているのだろうか。その批判に人々はそれにどう応えているのか。

県防衛会長にして県商工会議所連合会長・県経済団体会議議長の国場幸一氏が辺野古移設推進要請のために訪米した（三月二日）。誰といっしょに行って、誰と会い、どんな話をして、どんな報告を誰にしているか、追跡してほしい。

県が第三二軍司令部壕の説明板から「慰安婦」「住民虐殺」に関する記述を削除するという（二月二十四日～）。「琉球新報」はかつて、「首里城地下の沖縄戦　三二軍司令部壕」という同壕の実態を探る優れた連載をした（一九九二年六月十七日〜八月十三日。同社ＨＰで再掲されている。http://ryukyushimpo.jp/news/storytopic-205.html）。記述削除に働いた力を暴くとともに、このような実績を元に、沖縄戦研究の成果を踏まえ、説明板がどうあるべきかを再検証してほしい。

「未来に伝える沖縄戦」の連載では、沖縄戦体験者の証言を中高生が聞くという場を設定していることが意義深い。証言者と同じ時間空間を共有し、同じ空気を吸う体験によって、沖縄の子は沖縄戦の記憶を託された者となる。今度はかれらが次代への証言者となるのだ。

仲井眞知事が震災がれきの県内受け入れの可能性について調査するよう指示した（三月一日）。キャパシティはもとより、やはり安全性が不安だ。

県は二〇一二年度から多言語案内板を大規模整備する（三月二日）。ぜひ、シマクトゥバでの表記も、同時にゆいレールのアナウンスにもシマクトゥバを取り入れてほしい。

今回で私の紙面批評は終わります。なまでぃ読《ゆ》でぃくぃみそーち、いっぺーにふぇーでーびたん。（これまで読んでくださってありがとうございました）（二〇一二・三）

★1 「だいじょうぶさぁーおきなわ」キャンペーンから造語した。「だいじょうぶさぁーおきなわ」とは、米中枢同時テロのあと、沖縄で官民挙げてなされた緊急観光キャンペーンである。同テロ後、米軍基地の集中する沖縄も狙われるという「風評被害」で恐れられ、キャンセルが続出する日本人観光客を呼び戻そうと、「沖縄はいつもどおりで危なくない」とアピールした（本書二二頁も参照）。

★2　ここで「教科書」とは、二〇一二年度から八重山地区の中学校で使用する公民教科書が一本化できていない問題で文部科学省が二〇一一年十二月二日に、十二月末までに竹富町は使用する教科書を決定し、その結果を報告するよう求める文書を県教育委員会に出したことを指す。

また「評価書」とは、同じ頃、沖縄防衛局が米軍普天間飛行場の名護市辺野古移設に向けた環境影響評価（アセスメント）を補正した評価書を提出したが、そのさい、提出を阻止しようと座り込む市民の運動の裏をかくように早朝午前四時に県の守衛室に搬入された。これら一連の問題を指している。

★3　「米軍普天間飛行場の移設問題に関する田中聡沖縄防衛局長の県民を侮辱した問題発言は二十八日夜、那覇市内で開かれた報道陣との非公式の懇談会であった。関係者の発言内容について記録、報道しないことを前提とした「オフレコ」形式の懇談だったが、琉球新報は読者に伝える責任があると判断して報道に踏み切った。識者はオフレコの原則よりも「国民の知る権利が優先される」と指摘する。政府が年内提出を予定する環境影響評価（アセス）の評価書提出問題に話題が移ったとき、本紙記者が「政府はなぜ『年内提出する』と明言しないのか」と問いただした。すると、田中局長は女性を乱暴することに例えて「これから犯す前に『犯しますよ』と言いますか」と応じた。田中局長は、一九九五年の少女乱暴事件後に、「レンタカーを借りる金があれば女が買えた」と発言し更迭されたマッキー米太平洋軍司令官（当時）の発言を自ら話題にし、肯定する言いぶりもあった。公表を前提としないオフレコ内容を報道したことについて、沖縄防衛局報道室は「（懇談は）オフレコだ。発言は否定せざる得ない」としたうえで、「（公表すれば）琉球新報を出入り禁止することになる」と警告してきた。専修大学の山田健太准教授（言論法）は「メディアはオフレコを守る信義則はあるが、国民の知る権利はそれに優先される」と指摘。「全ての取材は報道する目的で取材するのが原則だ。公人がメディアに対する時、その後ろにいる国民に対して説明責任を果たす認識が必要だ。公共・公益性があると判断した場合、メディアは報道する原則に戻るのが大前提となる」と話している。」（「「知る権利」優先　本紙、オフレコ懇談報道」『琉球新報』二〇一一年十一月三十日）

★4　二〇一二年一月一日は旧暦の十二月八日で沖縄の伝統行事「ムーチー」の日だった。その日は、もち米粉を練って平たくのばしたものを月桃（サンニン）やクバの葉に包んで蒸し、仏壇や火の神（ヒヌカン）に供える。家族の健康や子供の健やかな成長を願ったり、また厄除けのための行事である。この時期の寒さを「ムーチービーサー」と呼ぶ。

あとがき

この本は、一九九〇年代初頭に私が二〇代ではじめて書いて発表したものから、「沖縄の日本復帰」体制四〇周年を体験しながら書いたものまで、約二〇年にわたる時間幅のある文章を収めたものである。しかし、底流としてあるのはあまり変わらないように感じる。それは、私が自分の「内なる植民者」をどう克服するか、そして他者である「外なる植民者」とどのような関係をつくっていくか、すなわち、植民地主義的でない対等な人間同士として「出会い直し」（金城馨）、もっと自由にのびのび生きていけるようになるにはどうしたらいいのか、ということである。

この本をつくるにあたって二〇代のころの文章を読み返し、正直に告白すると、私は胸がつまった。「そんなに日本人に気を遣わなくてもいいんだよ」と若かりし（悩んでばかりだった）自分を思い出し、抱きしめたくなった。そして、こういういまの自分、その頃の私、時代と歴史背景、自分自身の変遷などを、現時点でふりかえって分析し、位置づけたいと思った。そしてそれをこの「あとがき」に書きたいと。

しかし、そうしようとすると、体の奥が重苦しくなって固まり、筆を進めることができなくなった。このテーマを書きたいという欲求はあるのに、書くことができない。書きたいのに書けないのだ。本書の出版が遅れた大きな理由はこの葛藤にある（お待たせしてしまったみなさま、ごめんなさい）。

私はもう、いまの自分には書けない、ということを認めることにした。いつか書けたらいいなあ、と思いながら手放すことにした。読者のなかには、この長い時間のなかにある文章群について、著者からのなんらかの説明、解釈、位置づけが読みたいという方もいらっしゃるだろう。しかし、こういうわけなので、どうか、ご自分でなさってみてください（で、それを私にも教えてください）。

本書のタイトルははじめ『無知という暴力』だった。「知らないことは暴力であり、攻撃なのだ」という本文中の一節からとったものだ。知らない、知るべきことを知らない、応答すべきことを知らないでいる、という意味だった。ひとりひとりの小さなそれが集まって大きな構造をつくっていると。しかし、私は次第に日本人は「知っているのに知らないふりをしているのではないか」と思うようになってきた。

沖縄には年間五〇〇万人以上の観光客が日本から来る。沖縄を侵食する軍事基地が目に入らないはずがない。テレビニュースにもなる。基地の日本移転案が出ると即座に反対する。沖縄がもともと別の国だったことも知っている。

つまり、知らないはずがない。知っているのだ。

沖縄が日本の植民地だというと、そんなふうに思っていないという日本人もいるだろう。しかし、そういう人も、日本国の他の都道府県に対するのとは違う感覚で沖縄に接している。沖縄、沖縄人に対するとき、自分が上だと優劣を捏造し、自分勝手な「優越感」を楽しむなど、植民地気分をエンジョイしているのが見える。日本人のみなさん、私が言葉を与えましょう。それが「植民地をもつ」ということなのだ。

「こんど新しい本を出すよ」と沖縄でいうと書名を聞かれる。『シランフーナーの暴力』だと答えると、それ以上の説明はしていないのに、帰ってくる反応は共通している。「ああ、そうだよな、よくわかる」「そのとおり」「まったくそうだ」「はっきり言ったねえ」。

さて、日本での反応はどうだろう。

本書の編集中に、「県外移設と琉球独立」で論争した真久田正さんがお亡くなりになった。もっともっとお話しておけばよかったとさびしく残念でならない。そう思えば、また、この本のなかの二〇余年のあいだに私は私を育てた両親、祖父母をすべて失った。そして子どもが生まれ、新しい家族ができた。

こんなふうに、沖縄をこのままにして死ねないと思っていた先輩方の多くがこの世を去っただろう。沖縄人が「にが世《ゆー》」から解放され「あま世《ゆー》」を享受できるのは世界から帝国主義が終わりを告げるときだ、といったのは伊波普猷である。しかし、私はそんなには待てない。子どもたち、次世代へ私たちと同じようなナンギを手渡すわけにはいかない。

本書の「日本国憲法改正案」を書いたのは二〇〇四年だったが、現在の自民党憲法改正草案には

（もちろん?）そのような条項案はない。むしろ、「戦前の日本」に戻りたいというような思いさえ読み取れる、新憲法案である。そうであるなら、沖縄も琉球併合まで立ち戻り、琉球を含めた東アジア全体の近代をとらえなおすことが筋だろう。そして沖縄の「日本復帰」運動とは何だったのか。それはさまざまな要因をもつものだろうが、それでも、戦争放棄や基本的人権の尊重を定めた憲法を獲得するための運動、という面はとても強かっただろう。ならば、「未完の復帰」や「真の復帰」としても、沖縄人が自らの権利を守るための自らの憲法をもつのは当然の権利であろう。そのためにも基地は引き取られなければならない。

「シマクトゥバで考える戦世《ゆー》」を琉球語首里言葉《すいくとぅば》で書く際には、大城つぎえさん、作家の大城立裕さん、首里言葉《すいくとぅば》の集いの国吉朝政さんにご指導いただいた。また、注釈付けには、大学非常勤講師の赤嶺ゆかりさん、崎原千尋さんにお手伝いいただいた。記して感謝申し上げます。いっぺーにふぇーでーびたん。しかし、すべての文章、注釈の責任が私にあるのは言うまでもない。

最後に、西谷能英未來社社長に。西谷さんは「あとがき」の書けない私を忍耐強く待ちつつ、ときには閻魔大王のように怒り、うろうろする私を厳しく叱咤した。それがなければこの本は完成しなかっただろう。感謝します。

二〇一三年八月五日　祖母當山企美子（ウト）の誕生日に

知念ウシ

■初出一覧

第一部　知らないふりは暴力であり、攻撃である

沖縄の米軍基地へ核査察を　口頭発表（2003年4月20日）
基地の「平等負担」（原題「なぜ基地の平等負担ができないのか」）
「世界」747号（2006年1月、岩波書店）
アメリカで在沖米軍基地の日本「本土」お引き取り論を語る
野村浩也編著『植民者へ』（2007年11月、松籟社）
「県外移設」と「琉球独立」　「うるまネシア」12号（2011年5月）
「無意識の植民地主義」を意識化することから始めよう
「地歴・公民科資料」75号（2012年9月）
わたしの天皇体験　栗原彬ほか編『記録・天皇の死』（1992年3月、筑摩書房）
空洞の埋まる日　「部落解放」507号（2002年9月、解放出版社）
「人類館」は続いている（原題「人類館事件を考える」）
演劇「人類館」上演を実現させたい会編著『人類館』（2005年5月、アットワークス）
「復帰思想」のゆらぎ（原題「2010年年末回顧」）「沖縄タイムス」2010年12月31日
ヤレーヌーヤガ　「沖縄タイムス」2011年3月21日
前島夜塾　「琉球新報」2011年11月3日
いつまでもあると思うな「復帰五〇年」　「うるまねしあ」14号（2012年5月）
米・日と対等な主体として（原題「蹂躙される島」）　「琉球新報」2012年10月25日

第二部　沖縄で生まれ、沖縄で生きる

祖母と幻想　「沖縄タイムス」1990年1月12日
「沖縄」と「日本」を越える　「新沖縄文学」93号（1992年10月、沖縄タイムス社）
だけど愛は泣いている　「新沖縄文学」94号（1992年12月、沖縄タイムス社）
沖縄の「日本復帰」後に育つこと（原題「私たちの癒しの島どこに」）
「朝日新聞」2002年5月14日
日常生活のなかの軍事主義（原題「国際平和会議報告」）「琉球新報」2002年月日不明
イラク攻撃が始まった（原題「沖縄から―イラク攻撃開始後の反戦運動」）
「KSKイマージュ」27号（2003年春号）
カリフォルニア日記２００３　「KSKイマージュ」28号（2003年夏号）
祖母の目　「朝日新聞」2004年5月17日
沖縄に来る人　「朝日新聞」2004年5月18日
日本国憲法改正案　「朝日新聞」2004年5月19日
生きてみるととっても大きい（原題「沖縄の子育て」）　「朝日新聞」2009年2月14日
植民地解放教育　本書初出
ある春の日々２００８　「インパクション」163号（2008年5月、インパクト出版会）
未来をつくる実践　「琉球新報」2008年5月30日
シマクトゥバで考える戦世　日本語版　「沖縄タイムス」2011年6月21日
琉球語版
口頭発表2011年6月23日　沖縄県立博物館・美術館講座室
すべてはうごめく「今」から　「琉球新報」2011年10月～2012年3月

■著者略歴

知念ウシ（ちにん・うしぃ）

1966年、沖縄島那覇市首里生まれ。那覇市首里在住。

津田塾大学学芸学部国際関係学科、東京大学法学部私法学科卒。

国際関係論・沖縄近代史専攻。むぬかちゃー（ライター）。

著書に『ウシがゆく』（沖縄タイムス社）、共著に『闘争する境界――復帰後世代の沖縄からの報告』『沖縄、脱植民地への胎動』（未來社）ほか。

シランフーナー（知らんふり）の暴力
——知念ウシ政治発言集

発行——二〇一三年九月十九日　初版第一刷発行
二〇一六年二月　五　日　　　第二刷発行

定価——本体二二〇〇円＋税

著　者——知念ウシ

発行者——西谷能英

発行所——株式会社　未來社
東京都文京区小石川三—七—二
電話　〇三—三八一四—五五二一
http://www.miraisha.co.jp/
email:info@miraisha.co.jp
振替〇〇一七〇—三—八七三八五

印刷・製本——萩原印刷

ISBN978-4-624-41094-0 C0036

（消費税別）

知念ウシ・與儀秀武・後田多敦・桃原一彦著
闘争する境界
〔復帰後世代の沖縄からの報告〕ケヴィン・メアや沖縄防衛局長（当時）の暴言、基地問題や沖縄の政治状況をめぐり、各執筆者の多様な視点から沖縄の反応を突きつける一冊。　一八〇〇円

知念ウシ・與儀秀武・桃原一彦・赤嶺ゆかり著
沖縄、脱植民地への胎動
PR誌「未来」連載「沖縄からの報告」二〇一二年から二〇一四年までを収録。普天間基地問題、竹富町教科書問題などを批判し、沖縄の「脱植民地化」をめざす思索と実践を報告する。　二二〇〇円

川満信一・仲里効編
琉球共和社会憲法の潜勢力
〔群島・アジア・越境の思想〕一九八一年に発表された川満信一氏の「琉球共和社会憲法C私（試）案」をめぐって、琉球内外十二人の論客が「川満憲法」の現代性と可能性を問い直す。　二六〇〇円

仲里効著
眼は巡歴する
〔沖縄とまなざしのポリティーク〕東松照明をはじめとする最新の写真家論集。『フォトネシア』につづき、沖縄屈指の批評家があらためて琉球における写真と映像の本質を問う。　二八〇〇円

仲里効著
悲しき亜言語帯
〔沖縄・交差する植民地主義〕沖縄の言説シーンにひそむ言語植民地状態をあぶり出す。ウチナーンチュ自身による本格的ポストコロニアル沖縄文学批評集。　二八〇〇円

仲里効著
フォトネシア
〔眼の回帰線・沖縄〕比嘉康雄、比嘉豊光、平敷兼七、平良孝七、東松照明、中平卓馬の南島への熱きまなざしを通して、激動の戦後沖縄を問う。沖縄発の初めての本格的写真家論。　二六〇〇円

仲里効著
オキナワ、イメージの縁（エッジ）
森口豁、笠原和夫、大島渚、東陽一、今村昌平、高嶺剛の映像やテキスト等を媒介に、沖縄の戦後的な抵抗のありようを鮮やかに描き出す〈反復帰〉の精神譜。　二二〇〇円

仲宗根勇著
聞け！オキナワの声
〔闘争現場に立つ元裁判官が辺野古新基地と憲法クーデターを斬る〕辺野古新基地反対の闘いの現場に立ち、安倍強権政権の沖縄圧殺の国家テロと憲法クーデターを駁撃する。　一七〇〇円

仲宗根勇著
沖縄差別と闘う
〔悠久の自立を求めて〕一九七二年の日本「復帰」をめぐって反復帰論の指折りの論者として名を轟かせた著者が、暴力的な沖縄支配に抗して、再びその強力な論理をもって起ち上がる。　一八〇〇円

喜納昌吉著
沖縄の自己決定権
〔地球の涙に虹がかかるまで〕迷走する普天間基地移設問題に「平和の哲学」をもって挑みつづける氏が、沖縄独立をも視野に入れ、国連を中心とする人類共生のヴィジョンを訴える。　一四〇〇円

岡本恵徳著
「沖縄」に生きる思想
〔岡本恵徳批評集〕記憶の命脈を再発見する——。近現代沖縄文学研究者にして、運動の現場から発信し続けた思想家・岡本恵徳の半世紀にわたる思考の軌跡をたどる単行本未収録批評集。　二六〇〇円